이순희 창작곡 150

영혼을 살리는
찬양

CcM²u

발 간 사

할렐루야! 찬양은 하나님의 성품과 능력, 사역과 영광을 높이고 인정하는 일체의 행위로서 성도의 존재의 이유이자 능력의 표현입니다. 예수를 구주로 영접하고 하나님의 뜻에 따라 살려하는 그리스도인에게 찬양은 그 자체가 승리요, 기쁨이며 영광입니다. 우리는 찬양을 통해 하나님을 영화롭게 하고 하나님의 뜻을 이룰 수 있으며, 우리의 영혼육 전인을 깨우고 활성화시켜 능력있는 삶을 살아갈 수 있습니다. 찬양을 통해 존재의 이유를 찾고, 고난과 역경을 이겨낼 수 있습니다. 어둠의 세력을 물리치고, 사명을 위한 능력을 받을 수 있습니다. 전심을 다한 깊은 찬양에는 하늘문을 여는 힘이 있습니다. 말씀을 기반으로 이루어진 찬양은 그 자체가 곡조있는 기도이고, 강력한 설교이며 전도입니다.

살아계신 하나님은 코로나로 인해 모두가 어려운 때에 저에게 환경을 초월하여 빛을 발하라는 감동을 주시고, 새로운 가사와 멜로디를 연이어 창작할 수 있는 풍부한 영감을 부어주셨습니다. 2020년 12월 17일부터 2021년 9월 1일까지 8개월 반만에 성경말씀을 토대로 150곡을 만들도록 강권하셨습니다. 저는 성악을 전공했으나 작사작곡에는 전문가가 아닙니다. 그러나 하나님은 저에게 끊임없이 시대를 깨우고, 교회를 일으키며, 영혼을 살리는 찬양에 대한 열정과 영감을 주셨습니다. 곡을 만드는 가운데 부어지는 하나님의 은혜가 너무 커서 잠을 잘 수가 없었습니다. 시간을 분초 단위로 쪼개어 가며 곡을 만들어 이렇게 마침내 영혼을 살리는 찬양 악보집을 출간하게 되었습니다. 이 모든 것이 하나님의 은혜입니다.

이 악보집이 나오기까지 한 마음으로 응원해준 사랑하는 남편 김광옥 장로님과 사랑스러운 두 아들 성훈, 성민에게 감사의 마음을 전합니다. 또 이 악보집이 출판되도록 물질로 후원해주신 조주영 권사님께 감사를 드리며, 편집과 교정을 맡아준 음악부 원미현 목사와 허신영 전도사를 비롯한 음악부원들에게 감사를 전합니다. 또한 물심양면으로 동역하며 기도해주신 영혼의 샘 세계선교센터와 백송교회 성도님들에게 감사의 마음을 전합니다.

2021년 하나님의 은혜를 찬양하며
이순희

Contents

Contents

Contents

C ontents

C o n t e n t s

나의 연약함을

1

C
남자

작사 & 작곡 이순희

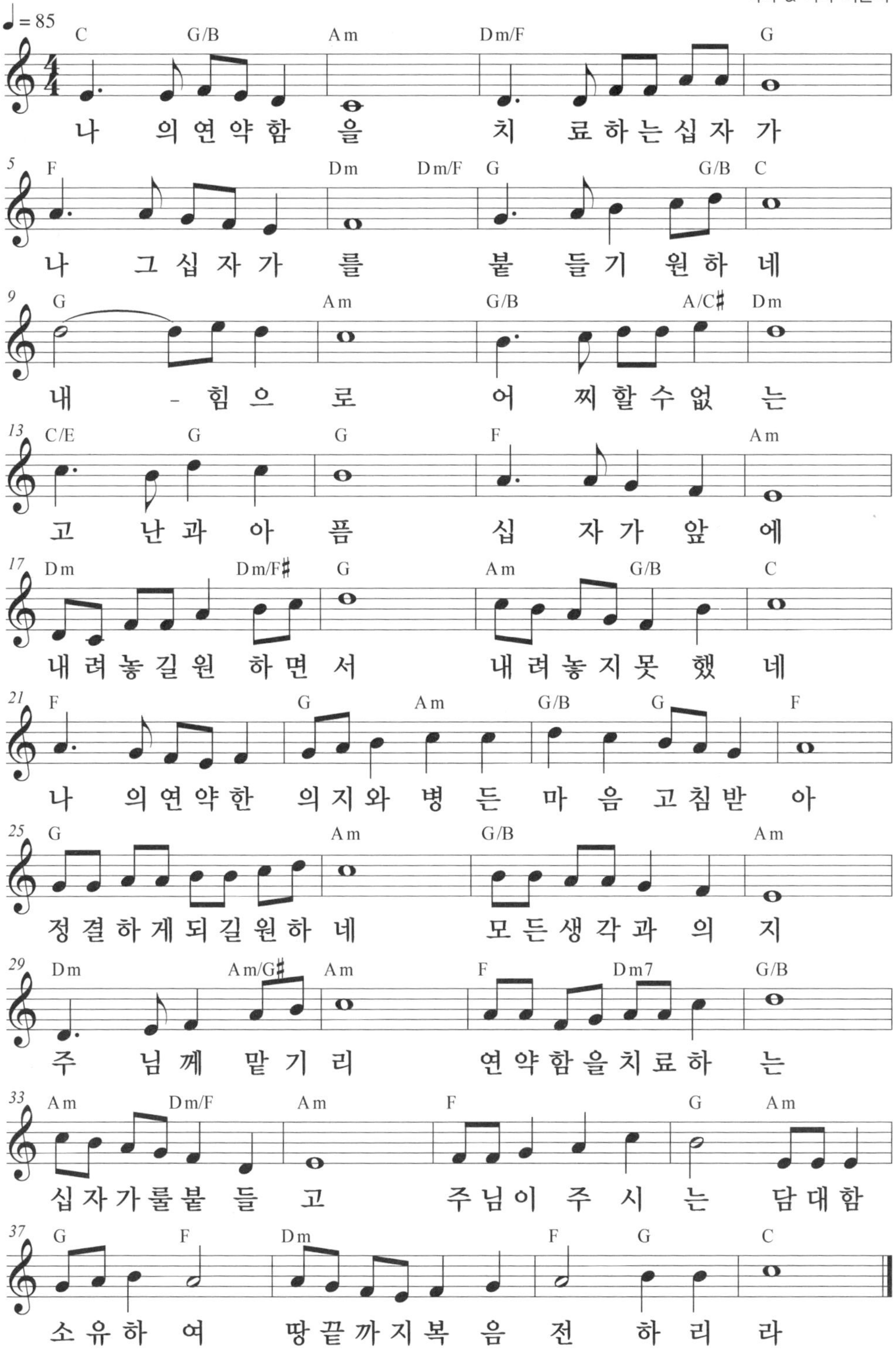

2 나는 믿네 부활의 능력

작사 & 작곡 이순희

나는 믿 네 부활의능 력 예수 부활 하 셨 네 영원

한 소망되신예 수 부활 의 능력으 로 세상

을 이 기 고 죄를 이 기 고 사 망 을 이 기 셨 네 모든

것 이 역전되 는 부활의새 벽 슬픔 은 춤이되고 -

죽음은 생 명되 네 영원한 기쁨을 누리게 하 는 -

부 활의 - 능 력 모 - 든 것을 회복시키는

부 활의 - 능 력 날 - 마 다 승리하게하 는

부 활의 - 능 력 나 는 믿 네 부활의능 력

더 러 운 세 상 속 에 서   성   결 의 은 혜 를 입 고   어

두 운 세 상 속 에   서   빛   을 발 하 며   거 짓 된 세 상

속 에 서 진 리 를 따 라 가 네 -   예 수 부 활 하 셨   네

3

내려놓지 못한

작사 & 작곡 이순희

내 안에 나도 알지 못하던

작사 & 작곡 이순희

내 안에 나도 알지못하던 어 둡고절망스 런
옛 사람도 있 고 성령으로인 한
영 적생명도있 네 성령 의능력으 로
말 씀의빛을받 아 숨은 사람직면해서보았 네
연 ㅡ 약하 고 어두운 속사람을십자가에 못박고
새 삶을누리게 하 시는 나의주 님 내 안의영 적
생 명을깨 워 속사 람을 치료받 아 성령
의 열 매 사랑 희락 화평 인내 자비 양선
충성 온유 절 제의열 매 맺 으 리

5 내 안에 두 가지 법

작사 & 작곡 이순희

내 안에 두가지 법 내 안에 두가지법 서로 싸우네

주 님의 말씀을 깨닫기 전에 나는 살았더니 -

계 명에 이르매 죄는살 아나 고나는죽었 네

나 도모르 는 죄는살아 나고 나는죽었도 다

그 후에내 안에 두가지 법 서 로 싸 우 네

선을행하기 원하 는 나에게 악 이함 께있 네

죄의법으로 끌려가는나 육체의법따라가는 나

아 하 곤고한 내 영혼 오 직 주님만 이

사 망의 몸에 서 나 를 건져주 시 리

내 영혼 선한 싸움

딤후 4:7-8

작사 & 작곡 이순희

7 내 영혼 주 안에서

작사 & 작곡 이순희

너희는 세상의 소금

마 5:13

작사 & 작곡 이순희

1.너-희는-세상의 소금이요- 세상의빛-이 라
2.우리모두-세상의 소금되어- 세상의빛이되 어

너 희는-세상의 소금이요- 세 상의빛 이 라
세 상의-소금과 빛이되어- 빛 을-발 하 자

소 금이-맛 을 잃 으면- 무엇으로-짜 게 하 리요-

밖 에 버 려져 사람에게- 밟 힐뿐 이 라

너 희가 빛 을 잃 으면- 무엇으로세상을 밝히리요-

주님의 말씀대로 빛과소금되 어 세상을 밝 히 라

고통중에살아가는 사람들을- 주님께로인도하 라

사 망의그늘에서 아우성치며 신음하는영혼들에 게

해산하는수고로 빛과소금되 어 주님께로인도하 라

9

누가 우리를

롬 8:35-37

작사 & 작곡 이순희

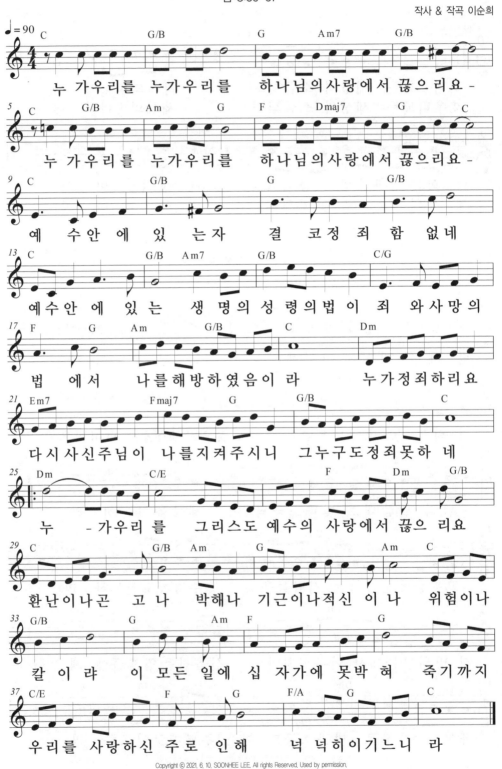

복 있는 사람은

시 1:1-3

10

작사 & 작곡 이순희

복 있는 사람 은 악인들의 꾀 를 따르지않고

죄인들의 길 에 서지않으며 오 만한 자들의 자 리에-

앉 지않고 여호 와의 말씀 을 주 야로 묵 상하는도

다 말 씀을 주 야 로 묵상하는 자 에

게 형통의 복 을허락하시 리 시냇가에 심 은나 무

처럼 - 철을따라 열 매맺 으며- 잎사귀 가 마르지

아니함 같으리 라 복 있는 사람 은

11 생일 축하합니다

작사 & 작곡 이순희

♩=90

생 일축 하합 니다 생 일축 하합 니다 당 신의 생 일을 축 하합 니다

생 일축 하합 니다 생 일축 하합 니다 당 신의 생 일을 축 하합 니다

Fine.

고 귀하 고존 귀한 당 신의 생 일을 축 하합 니다 오 늘

이 시간 당 신을 사 랑하 는하 나님 이

복 에복 을더 하여 주 시기 를 기 도합 니 다

D.C.

십자가를 만나면

작사 & 작곡 이순희

13 십자가의 용서와 사랑

작사 & 작곡 이순희

십 자가의 용서와 사 랑을 받 고

십 자가의 그늘밑에 거 하는 자 는

하나님의 씨 가 그를 지키심으로

악한 사탄마 귀 만지지도 못하느니 라

주님의 십자가 가 나 를 살리셨 네

십자가에흘린피 로 내죄 씻으셨 네 죽음권세 이 긴

십 자가 능력으 로 새생명을얻게되 리

우리모두십자가 의 능력으로 무장하 여

우리영혼 보호하 세 십자가의 용서와 사랑으 로

약할 때 강함 되시는

복음과 영적전쟁 (6)

작사 & 작곡 이순희

14

15 어느 날 주님을 만난 후

작사 & 작곡 이순희

어느 날 주님을 만난 후 주님의 사랑을 알았네 어느

날 주님을 만난 후 내가 죄인임을 알았네 말씀

의 밝은빛 받은 후 추악한 내모습 보면서 뜨거

운 눈물을 흘렸네 나는 죄인중의 괴수라

오 주님 나의 죄 사하여 주소서

오 주님 깨끗게 하여주 옵소서

성결한 삶으로 정직한 삶으로

사명감 당함으로 주의뜻 이루며

열매맺어 주사랑 전하게 하소서

영원토록 빛나리

4집 빛을 발하라

작사 & 작곡 이순희

17 예수님 나를 위해

작사 & 작곡 이순희

오라 우리가 서로 변론하자

사 1:18

작사 & 작곡 이순희

18

오 라 우리 가 서 로 변론하자 너 희의 죄 가

주홍같을 지 라 도 눈과같이 희어질 것 이요 -

진홍같이 붉 을 지 라도 - 양털같이 희게 되 리라 -

말 씀하신 주 님 의 약속따 라 주 님앞 에

나 아 가 자 복 하고 회개하 여 주 님 의

십 자가 공 로 로 정 결케 되 어

그 리스도 의 향기 를 나 타내 겠 네

19 오라 우리가 여호와께

호 6:1-3

작사 & 작곡 이순희

오 라우리가 여호와께 돌아가자 돌아 가 자

여 호와께서 우리를 찢으셨으 나 도로낮게 하실것이요

우리를 치셨으 나 싸매주실 것 이 라

여호와를알자 힘 써여호와를알자 우리가힘써여호 와를알자 -

여호와를알자 힘 써여호와를알자 우리가힘써여호 와를알자 -

그 의나타나심 은 새벽빛같 이 어김없나 니

비 와같이 땅 을적시는 늦 은비와 같이 -

우 리에게 임 하시리라 임 하시 리 라

우울의 늪에서 건지시는

복음과 내적치유 (9)

작사 & 작곡 이순희

위의 것을 생각하라

4집 빛을 발하라 / 골 3:2-4

작사 & 작곡 이순희

위의 것 을 생각하 라 땅의 것 을 보지마 라 주 안

에 서 죽었으 면 하늘의 것 바 라보 라

십 자가 에 박혔으면 - 위 의것 을바 라보 라 -

부 서지 고 - 무 너지 고 - 깨 어지 는심 령위 에 -

주 님함 께 일 하시 리 - 주 님동 역하 시 리

주 와함 께 - 감 추인 생 명 주 와함 께나 타나 리 - (주님)

나 를 써주시 리 축 복 의 통 로되 어 - 주 님

의 뜻 이루 리 위 의것 을 생 각하 라

Fine.

의와 평강 희락

작사 & 작곡 이순희

의 와 평 강 희락 의 와 평 강 희락

의 와 평 강 희락 얻 게 하 소 서

Fine.

주 님의 자녀된 우 리가 - 깨 닫지못 하 고
주 님의 자녀된 우 리가 - 빛 잃고헤 매 고

죄 를짓 는모습이 안타까워 징 계하 시 는

주 님의 마음얼 마나 얼 마나아프 실 까

사 랑하는자녀에 게 예비하신복 을 주시 려고 사 람

의 매와 인생의 채찍으로 징계하시는 주 님

말 씀의빛을받 아 우리안에 죄를보게하 - 시 고

회 개하 게하시 어 예비하신 복을 받게 하소서

주 님예 비하신 복 의와평강 희락 얻게 하소 서

23 자아의 절망과 십자가

복음과 내적치유 (2)

작사 & 작곡 이순희

절망이 있는 곳에서

24

작사 & 작곡 이순희

25 주님을 믿는 자에게

작사 & 작곡 이순희

주 님을믿는자에 게 생수의 강 허락하시 네

주 님을믿는자에 게 능력 을 허락하신나의 주

주 님을믿는자에 게 참된 평 강 허락하신 주

주 를믿 음으로 무슨 독 을 마실지라 도

해 를받지않는 다 네 우 리 모두주를 믿 음으로

말 씀대로순종 하 여 견고한 심령으 로

승리하며살아 가 세 예수의 사랑으 로

모든영혼사랑하 며 주님주 신 기쁨으 로

주 님의향기날리 며 빛가 운데걸어가 리 라

주님의 성령이

작사 & 작곡 이순희

♩ = 88

주 님의 성령이 나를만지시니

내 영혼 정결케 되리라

주 - 님의 성령 나를인도해

주 - 님의 성령 나와동행해

너희가 육신대로살면 반드시죽을것이로되

영으로써 몸의행실을 죽이면살리니

무릇 하나님의 영으로 인도함을받는 자들은

하나님 의 아들이라 일컬음을받을것이라 말씀

하신주님의명 령에순종하여

성령의 인도받으리 진리안에자유해

27 찬양해 할렐루야

작사 & 작곡 이순희

찬 양해 - 할렐루야 - 주님을 찬 양해 - 오늘은 즐거운
경 배해 - 할렐루야 - 주님을 경 배해 -

성 탄절 - 나를구원 - 하시려 주님오신날 이 네

본 질상 - 진노의 자녀인우 릴 건지시 려 육신

의 옷을입고 - 가장낮은곳으로 임하신 우리주 님

나를향한사랑 - 나를향한열정 - 온몸으로느 끼 네

오늘은 즐거운성 탄 절 우리모두기뻐하며 즐거워하세

할렐루야 - 주님을 찬 양해 - 영원토록 - 주님을 찬 양해 -
할렐루야 - 주님을 경 배해 - 영원토록 - 주님을 경 배해 -

하나님이 자기를 사랑하는 28

작사 & 작곡 이순희

하나 님 이자 기를 사랑 하는자 들을 위 해 예비 하신모 든것

은 눈으로 보 지못 하 고 사 람의 마음으 로

생 각하 지못 하느 니 라 오직하나님 이 성 령으로이것을

우리에 게보 이셨으 니 성 령은 하 나님 의깊 은

것 까지도 통 달하시느 니 라 성 령의 - 인도받

아 주의 일 - 힘쓰겠 네 성 령의 - 인도받

아 주님 예비하신복 을받으 리 성 령 님 의인 도하심따 라

살 아 가겠 네 내 인 생 의운 전대 를맡 기 고 언 제

든 지주 안에 서 참 된안 식누 리 며 주 님 가신길 을따라가 겠

네 내 인 생 의운 전대 운 전대 를맡 기 고

29 할 수 있다 하신 주님

5집 행복의 꽃 피어나려 할 때 / 막 16:17-18 외

작사 & 작곡 이순희

♩ = 125

할 수있다 하 -신주님 할수있다 하신 주 님

믿는자에게 능 치못함 없다하신 주 님

내게능력주시는자 안 에서 모든것을할수있다 네

믿는자들에게따르 는 표적 저희가 내이름으 로

마귀를쫓아내며 새방언말하며 뱀 을집어올리 며

무슨독을 마 실 지 라도 해를받지 아니하 며

병 든사람에게 손 을얹은즉 나으리라 하시더 라

할 수있다 하 -신주님 할수있다 하신 주 님

믿는자에게 능 치못함 없다하신 주 님

내게능력주시는자 안 에서 모든것을할수있다 네

능력주신 주안에서 모든것을할수있다 네

Fine.

행복하고 복된 오늘

작사 & 작곡 이순희

♩=80

C   D7   G/B   Am   F   G   F/A   G/B

행복 하고 복된 오늘 하나 님 의보석같은 두사람 하나되는

C   G/B   F/A   G   G/B   C

날 축하해요 - 사랑해요 - 축복해요 -

C   C/E   F   G   F/A   C/G   Dm/F   C/E

여기에 모인우리 모두 - 한마음 한뜻으 로 행복의 첫걸음을

F   Am   G/B   C   Dm

걷 는 두사람 의 가정위 에 행복의 소낙비가

G/B   C   C/G C   Dm7   G/B

내리길 원 해 요 두사람이한가정을 이루는 뜻깊은

F/A   G   F   C/E   Dm   C/E   F G C

좋은날에 - 우리모두 - 행복한 첫걸음을 축하해 요

G/B   C   G/E   Am   F   D/F♯   G

가정의 운전대 주 님께맡기고 언제나 웃음꽃피 는

C   C/E F   G   C/E   G   F   C/E

아름다운마 음 조건없는사랑으 로 서로를 감싸주는 -

Dm   C/E   F   G   C/E   Dm   G/B   C

천국가 정 주안에서참행복이 넘치는 부부되길 원해 요

Em   F   Dm   G/B   Dm   G/B   G/B   C

축하해요 - 사랑해요 - 축복해요 - 축하해 요

31 과거에 묶여서

작사 & 작곡 이순희

과 거에묶여서 신 음하는 안 타까운영혼 아

자 아에갇혀서 몸부림치는 고 통스런영혼 아

어 찌하여 낙심 하며 불안 해하 는 가

너 는하나님을 바 라보라 오직 하나 님 만

마 -음가죽 을 베고 여호 와께 돌아 가리라

나 의모든과거 의 상처 치 료하여주시 네

과 -거를 돌아 보지 않 으리 더이상 자아에

갇히지 도 않으리 진리안 에자유하 리

내 인생에 고난이

32

작사 & 작곡 이순희

내 인생에 고난이 닥쳐 올 때
내 인생에 풍랑이 밀려올 때
거친 파도에 함몰되려할 때 바로그때가 주 님
이 나를부르시 는 때라 네 환 난이닥쳐올
때 나 는 주님께 가까이 나아가 리 모든것을합력하여
선 을이루 실 주님을 의지하 여 나 주님께
나아가 서 내 인생 맡겨드 리 리
나의피난처 되시는주님 나 의 모든결 박 풀어주셨
네 나 영원토 록 주를찬양하 리 라

33 새로운 삶을 살게

작사 & 작곡 이순희

성령님이 임하시면

34

작사 & 작곡 이순희

성 령님이임하시 면 능 력충만받겠 네

성 령님이임하시 면 사 랑충만받겠 네

성 -령님이임하시 면 기 쁨충만받겠 네

성 -령님이임하시 면 소 망충만받겠 네 OO

교회 능력 충만 성령 충만받는교 회 요 OO

교회 기쁨 충만 소망 충만받는교 회 라 능력

충만 사랑 충만 기쁨 충만 소망 충만 성령

충만 성령 충만받아열매맺으 리 OO 교회 -

35 성령의 권능이

작사 & 작곡 이순희

성령의 권능이 나를붙 드시네 주님
의 손길이 나를감 싸시네 돌같
은 내마음 녹아져 내리네 내모
든 삶 이변화 - 되었네 - 보라
이 전것은 지나 가고 새사람 되었
네 새로운 피조물 되었 네
- 나이제 자유를 누리며 살리
라 내모든삶 주께 - 드리리

십자가는 완전한 능력이라

복음과 영적전쟁 (5)

작사 & 작곡 이순희

36

C
남자

37 인생의 수많은 문제들

복음과 내적치유 (10)

작사 & 작곡 이순희

그들의 열매로

38

작사 & 작곡 이순희

39 나그네 같은 인생길

5집 행복의 꽃 피어나려 할 때

작사 & 작곡 이순희

나의 인생길이 험해 40

5집 행복의 꽃 피어나려 할 때

작사 & 작곡 이순희

41 문제의 해결자 단 한 분

작사 & 작곡 이순희

문 제 의 해 결 자 단 한 분 예수 그리스 도
세 상 살 아 가는동안에 수 많은문제앞에 부딪히지만
문 제가 문제 아니요 문제 해결할수없는것이 문제 라
문 제의해결 자 나의주님앞 에 모든문제내려 놓 고 진리
안에 자유 하겠네 건 강의 문제 물 질의 문제
가 정의 문제 영 혼의 문제 인 간관 계 의문 제
환 경의 문제 죽 음의 문제 까 지도 주 님께
맡겨드 리 리 사 랑의주님은 우리의문제
해결자되시네 - 모든문제해결자 사 랑의주님은 우리의 모든문
제 해결해 주시기원하 네 모든문 제

분별을 여는 말씀

복음과 내적치유 (3)

작사 & 작곡 이순희

43

빛으로 사랑으로

5집 행복의 꽃 피어나려 할 때

작사 & 작곡 이순희

빛으로 사랑으로 인도하 여주시네 어두

1. 워 진 인생길에서 길을잃 고방황하던 나 헛된
2. 따 라살아가던 나 행복찾 아헤매이던 나 쓰러

영 광바라보면 서 나의인생 불태웠었 네 2.세 상
지 고넘어질때 에 주님

내게 찾아오셨 네 빛으 로 사랑으로 나를

1. 인 도 하시네 빛으 감 싸주시네 이제

와 서깨 달았네 주님없는 인생길 - 에 는 참만

족이 없다는것 을 이제 와서 깨달았 네 주님

나 의주인되시 어 참만족 을얻게하시 네 주님

나 의주인되시 어 참행복을 얻게하시 네 빛으

로 사랑으로 인도하 여주시네

사랑의 빛

요일 2:9-11

작사 & 작곡 이순희

사 랑의 빛 - 주님의 빛을받아 사랑의 빛발 하 리

빛 가운데있다 하 면서 서 로용서하지 못 하면

빛 가운데있다 하 면서 서 로사랑하지 못 하면

어둠가운데 있는 것 이요 고통가운데 있는 것 이라

형제를 사랑하 는 자 는 빛가운데행 하 여

자기속에거 리 낌이 없 기 에 빛으로 나아오 나

형제를 미워하 는 자 는 어둠가운데 행 하 여

갈곳을 알 지 못 하고 방황하 는 도 다

형제를 사랑함으 로 고통 에서 평 안으 로

형제를 용서함으 로 사망 에서 생 명으 로

45

삶의 우선순위

복음과 영적전쟁 (9)

작사 & 작곡 이순희

삶 의우선순위 우리의우선순위 영 적전 쟁 예 -수 그리스도

죄 중에 태 어난 우 리는 - 험 한세상속에 살 면서 -

죄 를지을수 밖에없는 - 환 경에 처하지 만

예수님의 십자가 공 로로 - 모 든 죄를 씻음받고 -

공중권세 잡 은 악한영을 - 상대해서 싸 우 리

주 님이 주시는 능력으로 - 악한영의 간계를 분별하여 -

담 대하게 물리치 리 예 수의 이름으 로

진 리를위 해 거 짓의 영과 치 열하게 싸 우리 라
겸 손을위 해 교 만의 영과 치 열하게 싸 우리 라

사 랑을위 해 미 움의 영 과 치 열하게 싸 우리 라
성 결을위 해 탐 욕의 영 과 치 열하게 싸 우리 라

하 나님 의 뜻을이뤄 - 성 령의 열 매맺으 리
하 늘의 기 쁨과평강 - 하 늘의 복을누 리 네

인 생을 결 정짓 는 영적전쟁 성 령의 힘으로 승리하리 -
어 둠을이기는 유 일한능력 성 령의 힘으로 승리하리 -

D.C. al Fine

성령이 주도하는 기도

46

작사 & 작곡 이순희

47 여호와의 율법은

5집 행복의 꽃 피어나려 할 때 / 시 19:7-10

작사 & 작곡 이순희

여호와의 율법은 완전하여 영혼을소생시키 고

여호와의 증거는 확실하여 우둔한자를 지혜롭게 -

여호와의 교훈은 정직하여 마음을기쁘게하 고

여호와의 계명은 순결하여 눈을밝게하 시 도 다

Fine

여 호와를 경외하는도는 정결하여영 원하 며

여 호와의법도 진실 하 도 다 완전확실정직순결

하 도다 진실하도다 금 과많 은 순 금보다더

사 모할 것이 며 꿀 과송 이꿀 보다

1. 더 달 도 다   2. 더 달 도 다

D.C.

하나님은 정직한 자들의 48

시 112:4

작사 & 작곡 이순희

D
남자

49 영의 눈이 열리는 축복

복음과 내적치유 (1)

작사 & 작곡 이순희

영의 눈이열리는 축복 을받아 순수 하고정결한 마음 으로

변 화 되길원하 네 지혜와 계시의 영 부어

주 시사 하 나님 을 알게하시 고 마음

의 눈을밝히 사 하나 님 이 예비하신 축 복

받게하 소 서 영의눈이열리어 기 적을보게하소

서 영의 눈 이 열 리 면 고난은 유익으로 -

상 처는 열매로 위기는 기회로 환난 은 연단의

기회가 된 다 네 영 의눈이열 리 어 지혜

롭 고 담대한 삶 살게하 소 서

우리를 변화시키는 복음

복음과 영적전쟁 (8) / 롬 12:2

작사 & 작곡 이순희

51 주님께 내 전부를

작사 & 작곡 이순희

주님 나의 삶의 주인　　52

작사 & 작곡 이순희

D
남자

주 님 나의 삶 의　주 인되시니　　내 겐부 족함 없 네

주의십 자가 를　지 고나 가리　　죽 어가 는영 혼들 을 위 하여

축 복의　　통 로로　　쓰 임받 게　　하 시네

하 나 님 의　　동 역자 되어　　쓰 임받 게　　하 시 네

하 나 님　　하 나 님　　나 를써 주 시는　하 나 님 께

감 사찬 양　드 리 며　　영 광돌 리 리

53

주라 흩어 구제하라

5집 행복의 꽃 피어나려 할 때 / 잠 11:24-25

작사 & 작곡 이순희

♩ = 128

주라 주 라 흩어구제하라 주라 주 라 흩어구제하라

주라 주 라 흩어구제하라 하 나님뜻 이 니 라

하 나님뜻 이 니 라 너 희가 대접받기 원 하

는 대로 대 접하라 흩 어 구 제 하 여도

더 욱 부하게 되는일이 있 나 니 과 도히 아껴도

가난하게 될 뿐 이라 구 제를 좋 아 하는자는-

풍족하여 질 것 이요 남 을 윤택하게 하는자 는

자기도윤택하여 지 리라- 주라 주 라 흩어구제하라

주라 주 라 흩어구제하라 주라 주 라 흩어구제하라

주라 흩어 구제하라

하 나님뜻 이니 라   흩 어 구제하는 자 에게

흔들어넘치도록 채 워 주 리 라 주라 주 라 흩어구제하라

하 나님사랑   이웃사랑   실천하며살 아 라 -

하나님이지켜주시 리   주라   주 라흩어구제 하라

Fine.

D
남
자

54 주님 오신 날

작사 & 작곡 이순희

주님오신날 기-쁘고즐거운날 - 주님오신날
주님오신날 사망권세이기는날 - 주님오신날

마귀가패배하는 날 주님오신날 모든결박풀어지는
어둠이떠나가는 날 주님오신날 새-롭게거듭나는

날 주님오신날 진리안에자유하는날

주님오신날 새생명을얻는 날 썩어가는 -

세상속에 - 빛으로 - 오신주님 - 혼돈속에질서를

- 공허함에만족을 주님오신날 자아가깨어지는

날 주님오신날 사랑이넘쳐나는날

주님오신날 모든것이회복되는날 주님오신날

진리안에자유하는 날 오늘이 바로주님오신

날 오늘이 바로주님오신 날

Fine.

한 알의 밀알

5집 행복의 꽃 피어나려 할 때

작사 & 작곡 이순희

D
남자

한 알의 밀알 한 알의 밀알 밀알되어죽어지리 라

한 알의 밀알 한 알의 밀알 밀알되어깨어지리 라

땅에떨어진 밀알 죽 지아니하면 한 알그대로있 고

죽 으면 - 싹이나고이삭나고 열매맺으리 많은열매 맺 으리

죽 어지리라 깨 어지리라 주안에서많은열매 맺 으리 -

죽 어지리라 깨 어지리라 주안에서많은열매 맺 으리 -

Fine.

56

○○교회 주신 사명

작사 & 작곡 이순희

기름 준비합시다

고전 15:40-44

작사 & 작곡 이순희

58 내 인생의 운전대

작사 & 작곡 이순희

내 인생의운전 대 주님께   내 인생의운전 대 주님께

내 인생의운전 대 주님께   운전대내어드리 리

나 의주인되신 나의주님 -   나 의생명되신 나의주님 -

나의몸이거룩한 산제물되어   주님앞에드리기 원 하오니

주님의 핏값으로 사신이몸 -   정결하게만들어 써 주소서

먹든지 마시든지 무얼하든지   하나님의영광위해 살 리 라

먹든지 마시든지 무얼하든지   하나님의영광위해 살 리 라

너희는 여호와를

사 55:6-9

작사 & 작곡 이순희

너 희는 여호 와를 만날만할때에찾으 라
너 희는 여호 와를 만날만할때에찾으 라
가 까이계실때에 찾 으라 주님찾아오 시 리
악 인은 그의길을버 리 고 불의한자 는 그의생각
버 리고 돌아 오라 돌아 오라 여호와께로
그 리하면 긍 휼히 여 기 시 리라
하 나님 께 돌아오라 - 너 그럽게 용 서하시리
내생각과너희생각 다 르며 내 길은너희길과 다름이 라
하 늘이 땅보다 높음 같이 내 길은너희길보다 높 으며
내생각은너 희의 생각 보다 높 음이 니 라

E
남
자

Fine.

Copyright © 2021, 1, 5, SOONHEE LEE, All rights Reserved, Used by permission.

60 물댄 동산처럼

작사 & 작곡 이순희

물 댄동산처럼 - 물 이 끊어지지않 는 샘 처럼-

물 댄동산처럼 - 물 이끊어 지 지않 는샘 처럼 살 기원 하

네 살 게하소 서 물 이끊어지지

않 는샘 곁에 무 성한 가 지가 담 장을 넘 듯이

철 을따 라 라열 매맺으 며 살 기원 하 네 이웃을 사랑함으

로 주 님 의 뜻 이 루 어 주 님예 비 하 신복

받 기원하네 이 웃사 랑하는자에 게 예비하신 복

Fine.

D.C.

백합화처럼

61

작사 & 작곡 이순희

62

자다가 깰 때라

4집 빛을 발하라 / 롬 13:11-14

작사 & 작곡 이순희

주의 빛

4집 빛을 발하라

63

작사 & 작곡 이순희

E
남자

64 나를 붙잡는 과거의 상처

복음과 내적치유 (5)

작사 & 작곡 이순희

♩ = 76

나 - 를붙잡 는 과거의 상 처 안락하고부요했던

그 때 패배하 고 버림받았던 그 때

과 거를떨쳐내지 못 하고 절망하며살 아왔 네

이 제는복음의 능력으 로 새사람이되 었 네

나 는 진리로인 해 더이상 과거에 매이지않 네

고통스런과거의 상 처 던져 버렸네 누구든지 - 예수

안에있으면 새 로운피조물 이 라 이전것은 - 지나

갔으니 보 라 이제는 새사람이되 었 네

복음의 능력으 로 새롭게 살아가 리 라

나를 향한 주의 열정

5집 행복의 꽃 피어나려 할 때

작사 & 작곡 이순희

65

F
남자

나를향한주의열정 -
주를향한나의마음 -

나를향한주의생각 -
주를향한나의생각 -

나의영혼깊은곳에 -
나의영혼깊은곳에 -

봄비처럼스며드네 -
샘물처럼솟아나네 -

나를향한주의자비 -
주를향한나의기쁨 -

나를향한주의사랑 -
주를향한나의사랑 -

나의영혼깊은곳에 -
나의영혼깊은곳에 -

봄비처럼스며드네 -
샘물처럼솟아나네 -

나의영혼살리시려 -
주님주신마음생각 -

물과피를쏟으시고 -
솟아나는기쁨사랑 -

십자가를지신주님 -
세상으로퍼져나가 -

영원토록찬양하리 -
온세상을밝히시네 -

66 만왕의 왕 되신

임재

작사 & 작곡 이순희

♩= 90
F Gm F/A B♭ F
만 왕의 왕 되신 나 의하 나 님
5 C/E Dm C/E F B♭ C
이 시간 온 마음과 뜻 정 성을 다 해
9 B♭ C Am Am/C Dm
사 랑합 니 다 경 배합 니 다
13 B♭ Gm F/A B♭ C C/E
찬 양합 니 다 송 축합 니 다
17 Gm F/A C B♭ C F
오 직주 님 홀 로 영광 받 아주 소 서

세상 길 가는 동안   67

작사 & 작곡 이순희

68 세상을 버리지 못해

작사 & 작곡 이순희

♩ = 70

세상 을 버리지 못 해 두마음으 로 주님을 의지하던 나를바라

보 시는 주 님 나를보고탄식 하시네 작 은고난 에

도 쓰러지고넘어지며 십자 가를 의 지 하지못하던 나

이 -제는 하나님과- 세상 하나님과- 재물 겸 -하여

섬길수없으 니 모든것 을 살 리는십자가 를 의지하여

십자 가만자랑하 며 살아가 리 오 직 십자 가

만 바라 보며 살아가 리 우리를 살리는십자가 -

사망권세이긴십자가 -정체성을살린십자가 -잠재력을살린십자가 -본질을살린십자가-

비전을살린십자가 - 통찰력을살린십자가 - 영적감각살린십자 가 이제

는 십자가전달 자되어 주의 뜻 이루며 살겠 네

세상을 살아가는

69

작사 & 작곡 이순희

세 상 을살아 가 는 수 많 은사람 들 이 상처

에 짓눌린 삶속에서 - 외로움 과씨름 하 네 세

상 에어떤 것으 로도 채 워 지지않 는 영혼의 - 공

허 함무엇 으 로 채울까 무 엇 으로만 족 할 까 -

나 - 이제주안에 거하리 주님 의 사 랑안에안 식 하리-

나 - 이제주품에 안기리 주님 의 사 랑안에안 식 하리- 주

님 의말씀 따 라 주 님 의명령 따 라

헛된세상 따라가며 사 망의 그 늘에 서방황 하 는

영 혼들을 위해 내 인 생불태 우 리

F / 남자

70 예수의 보혈

사 53:5

작사 & 작곡 이순희

♩ = 96

예 수의 보혈 십자가의능력은 영 적전쟁의 승리의비결

영 적전쟁의 승리의비결 보 혈의능력 십자가의능력에

있 으니 - 예 수의 보혈 십자가의능력 의지하 여

영 적전쟁에서 승리하리라 예 수의 보혈 십자가의능력

은 우 -리의 모든결박 풀 어주시네

그 가 찔 림은 우리의 허물 때 문이요 우리

의 죄 악 때 문 이 라 그 가 징 계를 받음

으 로 우리는 평화를 누 리고 그가채찍에 맞음

으 로 우리 는 나음을 입 었도다 우리의

모 든 문제 해결하신주   예 수의 보혈 십자가의능력

의지하 여   영 적전쟁에서 승 리 하 리 라

F
남자

71 어둠에서 빛으로

복음과 영적전쟁 (10)

작사 & 작곡 이순희

어둠에서빛 으로- 빛 으로인도 하신 주
하 나님은자녀 된 우릴빛 으로보내시네 하나
님 의빛을받 아 어 둠을이 기게하시 고
어둠으로가득찬 세 상을 다스리게하 시 네
두렴 을만 드는 어 둠을- 담대 함 의빛 으로 물 리치네
죄와 상처 의 어둠의 나라에 서 예수님의 -빛의 나라 로
- 빛의나라 는 생명력 분별력 지혜와 열정 과꿈 이
살아나는나라라 네 빛이신 주로인해강한 담 대함 을소유하
네 어 둔 세상속에서 천국의 권세를 누리고
빛이신 하나님 을향한- 영원 한 사랑 돌려 드리리

운전대

72

작사 & 작곡 이순희

운 전 대 내 인생의운전 대 맡 기 리

내 인생의운전 대 주 님 께 드 리 리

믿 는 다 하면서 내 가 내인생의 주인되어살 아 왔 네

주님이 핏값으로 사 신 주님의 성전된 나의인 생

내 것 인냥 내뜻 대 로 고집하며살 아 왔 네

지금 도주님은 문밖 에서 문을 두 드 리 시 며

사 - 랑하는 나의자녀야 네마음의문을열 어 라

내 - 가너에 게로들어가 너와더불어 먹 고

너 는나 와 더 불 어 먹 으 리 라

내 인생의운전 대 주 님 께 드 리 리

주 님내인생의 운 전 대 잡 아 주 소 서

F
남자

73

인생길 가다가

작사 & 작곡 이순희

피곤한 자에게는

74

작사 & 작곡 이순희

F
남자

75 하나님이 세우신

작사 & 작곡 이순희

가정

하 나님이 세우신 아름다운우리가 정
성 령안에 하나되어 예배드립니 다
사 랑의주 님 이 예배를 받으시 고
우리의 아픔 - 우리의 상처 - 고 쳐 주 소 서
하늘의복 땅의 복 자녀의복 허 락 하 시 어
주님나라위 하 여 쓰임받 게 하 소 서

호흡이 있는 자마다

시 150:1-6

작사 & 작곡 이순희

호 흡이 있는 자 마다 여호와를 찬양할 지 어다

그 의성소에 서 하나님을 찬양할지 어 다

권 능의궁창에 서 그 를 찬양할지 어 다

그 -의능 하 신 행 동을 찬양하 며

그 의지극히 위대하심을 따라 찬양할지 어 다

나 팔 소리로찬양 하며 비 파와수금으로 찬양 하며

소고치며춤 추어 찬양 하며 현악과 통소로 찬양 할지어

다 큰 소리나 는 제금으 로 찬양 하며

높 은 소리나는제금 으로 찬양할 지 어 다

호 흡이 있는 자 마다 여호와를 찬양할 지 어다

77

고난의 밤에
4집 빛을 발하라

작사 & 작곡 이순희

Fine.

내가 주의 영을 떠나

78

시 139:7-10

작사 & 작곡 이순희

내 가주의 영을 떠나 어 디로피 하리 까

내 가주의 영을 떠나 하 늘에올라 가 도

내 가주 의 영을 떠나 스올에내려 가 도

거 기계신나의 주 님 나를지켜 주 시 네

내 가새 벽 날개 치며 바 다끝에거 해 도

거 기서도 나의 주님 나를인도하 시 네

주 의오른 손 이 나 를붙드 시 네

내 가주의 영을 떠나 어 디로피 하리 까

나 의사랑 나의 주님 날 인도하 소 서

79 내 안에 숨겨온

작사 & 작곡 이순희

♩=75

Dm / F / A Gm / A

내 안에숨겨온 수 많 은 상처들 을

F / Gm / A Dm / Bb Gm

고 쳐 주 시 려 불러주신 주 님 감당할수 없는

Em / Dm Gm/E / A/C# Dm A/C#

고난과 아픔속에 서 오직주 만 바라보게하 신 주

A / A/C# Dm / F A/E Gm Dm

나 의시 선을 고정시 켜 주님만을 바라 보리라

A / A/C# Gm/E A/C# Dm / Em / F Gm

지 금 도 주 님 은 참으로 예배하는자를찾 으 시

A / A/C# Gm/E / Dm / A/C#

네 간 절 히 주님만 바라보는나 에 게 주님의시

Dm A/C# Dm Bbmaj7 / A / Dm / A Dm

선이머무네 발걸음이멈 추 네 주 님 나의

Gm / A Bb A / Gm / A Bb

상 처 치료하시 네 나의모든 아 픔 고쳐주시 네 예수의

/ A / A/C# Dm A/C#

사 랑으 로 예수의능력으 로 결박풀어 주 시 네

Dm / Bb / A Gm / A / Dm

이생명 다하도 록 주님의뜻 이루며 살아가리 라

십자가가 머무는 장소

80

작사 & 작곡 이순희

십자 가가 머무 는장소 - 시공 간을 초월 하네 -

십자 가가 허락 하신 능력 한 계가 없다 네

십 -자가 는 고난 과 죽음 의장소요 - 소망 과

생명 의장소요 - 모든 죄 를 씻음받는 장 소요

십 -자가 는 옛사 람 이 죽고새사 람 이 되는장소 요

- 어둠 의 세력 물리 치 고 빛으로 인도하는장소 요

- 십 자 가는 영적 생명 살리는 장소 요

십자 가의 능 력은 영적감각살 리 어

선한 양심 과 뜨거 운사 랑을 살 리네 우리 모두

십자 가의능 력 으 로 세상 을살 리 세

81 십자가는 죄로 인해

작사 & 작곡 이순희

절망 속에 있는 나를

복음과 영적전쟁 (7)

작사 & 작곡 이순희

절 - 망속에 있는 나를 더 깊은절망 의 늪으로

사 망의골짜기로인 도 하 시 는 나의 주 님

하 나님 만 의지 하게 하는 주님의 사랑임을 깨 달았네

말 씀의 거울 에 비친내 모습 보 며 절망 했 네

내안의죄로 인 해 상처로 가 득 한내 모 습

내 힘으로 해결 하지 못할 수많은문제 들

주 님앞에 내 려 놓고 참자유를언 겠 네

오 직주 만이 절망 에서 소망으로인도하시 네

오 직주 만이 내인 생에 참주인이되 시 네

F
남
자

83 치료의 광선

작사 & 작곡 이순희

험한 세상 속에

84

작사 & 작곡 이순희

험 -한 세 상 속에 버 려진 나를
구 -원하 시 려 십자 가지신 주 님
험 한 십자 가에 달려 물 과피를흘리 시고 -
십 자가의 모진 고통 나를 위해 당 하셨네
얼마 나아프 셨 을 까 얼마 나 아프 셨 을 까
그 보혈의 능력 으로 날 씻어 주 시 사
날 정결 케 해 주시네 날 새롭 게해 주셨 네
험 -한 세 상 속에 버 려진 나를
찾 -아오 셔서 구 원 하여 주셨 네

85 가장 낮고 초라한

성탄

작사 & 작곡 이순희

가장낮고 - 초라 한 자리에 누이신 예 수

온 인류를 구원하기위해 - 지극히 비천한 몸으로 오신

주 하나 님과사람사이에 화평을 이루시는 능 력

예 - 수의 탄생은 지극 히 높은곳에서 는

하 - 나님께 영광 - 땅에서 는 하나님 이

기 뻐 하신 - 사람들 중에 - 평화를 주 네

죄로인 해 타락한 우리를 위 해

가장낮 고 초라한 자리 에누이신 예 수

가장높 고 위대한 주를 - 찬 양 하 세

감사함으로

시 100:4

작사 & 작곡 이순희

감사함으로 그의 문에 - 들어가며 찬송
함으로 그의 궁정에 들어가서 그에
게 감사하며 그의 이름을 송축
할 지어다 감 사 는 최고
의 예배요 최고의 찬양이라네
감 사로 주의 선하신뜻 이 루 리
형통할때감사 하 고 고난중에도 감사하
리 오직주로인해감사하 리 라
넘 치는 감사로 한 계를 초월 하 는
은혜와능 력 축복 받기원하 네

87

길을 잃고 방황하며

5집 행복의 꽃 피어나려 할 때

작사 & 작곡 이순희

길을잃고 방황하며 헤매이던 나의삶에 성령으
내인생의 가장귀한 내주예수 찬양하리 고난중

로 임하셔서 주님의뜻 이루도록 기름부
에 찾아오사 위로하신 나의주님

어주시고 내게말씀 하시네

너 힘을다해 영혼을살리어라 너와같이

길을잃고 헤매는영혼들을 사랑하여 내게로인도하라

너 이제부터 주님이주시는능력으로 영혼을살리어

열매맺으며참평안을 - 누리리라 참행복을누리라 (내인생)

의 가장귀한 내주예수 찬양하리 나의사

랑 나의주님 영원토록 사랑하리

나를 고쳐주시는 88

작사 & 작곡 이순희

89 나의 사랑하는 자녀들아

4집 빛을 발하라 / 잠 6:16-19

작사 & 작곡 이순희

나의 삶에 풍랑

90

작사 & 작곡 이순희

G
남자

91 나의 하나님

작사 & 작곡 이순희

너희는 주 안에서

골 3:5

작사 & 작곡 이순희

93

받은 줄로 믿으라

4집 빛을 발하라 / 막 11:24 외

작사 & 작곡 이순희

받은줄로믿 으 라 믿고구한 것은 받 - 은줄로 믿 으 라

너희 는먼 저 그 의나라와 그 의의를구하 라 -

너희 는먼 저 그 의나라와 그 의의를구하 라 -

그 리하 면 모든것을 - 너 희에 게 더하시리 -

그 리하 면 모든것을 너희에게더하시리 -

구하 라 주실것이요 - 찾으 라 찾을것이요 -

문을 두 드리라 열 릴것이 니 - 구하라

받은줄로믿으 라 - 믿고구한 것은 받 - 은줄로 믿 으 라

Fine.

복음의 능력

94

복음과 영적전쟁 (1)

작사 & 작곡 이순희

복음의능 력 천국의능력 예수 그리 스도의복 음 복음은

예 수 그리스 도로 나타난 천국 의능력 이 라 복음은

잃었던 영 적 능력을찾아주 는 천국의능력이 라

복 -음은 육을따르던삶을청산하 는 천국의능력이 라 복음으

로 하나님 의 뜻을알수있 는 능력을받겠 네

복 -음으로 하나님과 교제할수 있 는능력을회복하 리 복음으

로 무의식 의죄 를해결받 고 내적성결을 이루겠 네

복음으로 내삶에 잃 었던모든것 찾아내 리 복음으 로 내삶에

무너진모 든것 회복하 리 예수 그리 스도의 복 음으로

95 보라 새해가

작사 & 작곡 이순희

보라 새해가

온유의 자리 - 애통의 자리 - 긍휼의 자리 - 섬김의 자리요

복 - 이임하 는 자리에서 - 주님예비하 신 복

영혼의복 만남의복 건강의복 가정의복 물질의복 받기원하 네

G
남자

96 빛의 옷을 입으라

4집 빛을 발하라

작사 & 작곡 이순희

사랑의 주님이

사 43:2

작사 & 작곡 이순희

98

영적 실력

복음과 내적치유 (4)

작사 & 작곡 이순희

영 적실력은 말씀의실력 찬양의실력
기도의실력 예배의 실력으로나 타 난 다 네
영 적실력은 사랑의실력 희락의실력
자 비의실력 양선의실력
화평의실력 인내의 실력으로나 타 난 다 네
충성의실력 온 유와 절제로- 나 타 난 다 네
성령의 열매로 나 타나 는영 적실력은 하나님의 영으로 인도받아
살 아갈 때 쌓 을수 있 다 네 우 - 리의
영 적싸 움은 영 적실력을 빛내 고 배후에서 역 사하 는악 한영 들
을 몰 아내 는 본질적싸 움이네 자 아와 죄를 이 기 고
악 한영과세상이기 는 능 력의 삶을 살 기위 해
악 한권 세물 리치 는 영 적실력주 실 주 님 을의지하 세

영적전쟁 승리의 비결 99

작사 & 작곡 이순희

100 우리 주 예수 그리스도

엡 1:17-19

작사 & 작곡 이순희

♩ = 76

우 -리주 예수 그리스도 의 하나 님

영 -광의 아버지께서 지혜와 계시의영 을

너희에게주 사 하나님을알게하시 며 너 의 마음에 눈을밝히

사 그 의소망의 부르심 이 무엇이 며 성도안에

서 그 기업의 풍성함이 - 무엇이 며 그 의힘 의

위력으로역사하심 따 라 믿 는 우리에게 베푸신 능력의

지극히 크심이 어떠한것을 너희로 알게하시 기 를 구하노

라 이시간 지혜와 계시의영 허락하시 사

영의눈을열게하시 고 영의귀가 열리게 하 시 며

우리 주 예수 그리스도

영 적인마음이 활짝열 려 하나님을알게하소 서

하나님이예비하신 모든축 복 받 게 하 소 서

G
남
자

101 주님의 말씀 깨닫기 전

복음과 영적전쟁 (3) / 롬 7:9-25

작사 & 작곡 이순희

주님의 말씀 깨닫기 전 내가 살았더니 주님의

말씀 깨달은 후 죄는 살아나고 나

는 죽었도다 선을 행하기 원하는 나 선을 행

할 능력 없네 내 안에 두 가지 법이 있는 것

을 깨달았네 내 속사람은 하나님

의 법을 즐거워하지만 내 지체 속에 한

다른 법이 내 마음의 법과 싸워 내 지체 속에 있는

죄의 법으로 사로잡는 것을 보는 도다

오 난 곤고한 사람이로다 - 이 사망의 몸에서

누 가 나를 건져내랴 오직 주님만이

나 를 건져내리 주 안에서 자유하리

주 보혈에 담겨진

102

작사 & 작곡 이순희

주 보혈에 담겨진 하 나님 의약 속
하 나님의능 력 그 리스도 보혈앞 에 - -서
주 의거룩함 깨달을 때 나 의기쁨 은 영원한기쁨이 네
내 맘속에 죄악 을 끝 없이 탄식하 며
주 의거룩함 찬 양하네 - 나 의영 을정결하게 하 - -는
보 혈의 능력으 로 부 르심을 입었 네
어둠의 자 녀에 서 빛 의자녀로 변화됐 네
보혈을 힘입어 하나님앞 에 한 걸 음더 나아가 세
보 혈의 담 긴 하나님약속 보 혈 의 담긴 하나님 능력
의 지 하여 땅끝 까지 복음 전하 리 라

G
남자

103 주의 영이 내게 임하셨으니

4집 빛을 발하라 / 눅 4:18-19

작사 & 작곡 이순희

주의영이 - 내 게 임 하셨 - 으니 나의죄를 - 씻 어 주시리 -

주의영이 - 내 게 임 하셨 - 으니 나를새롭 - 게 - 해 주시리

주의영이 - 내 게 임 하셨 - 으니 주의권능 - 얻 으 리

주의영이 - 내 게 임 하셨 - 으니 주의복음 - 전 하리라

가 난한 - 자 에 게 아름다운 - 소 식 을

전 하게 - 하시 려 기름부어 - 주 시 네

마 음이 - 상한자 고 치며 - 포 로된 - 자에게 자 유를 -

간 힌자 - 에 게 놓임을 - 선 포하 - 겠 - 네 -

눈 먼자 - 에게 다시보게 함을 눌 린자 - 를 - 자유롭게 -

주 의은 - 혜 의 해를전 파하 - 리 라

하나님의 나라는

104

막 4:26-28

작사 & 작곡 이순희

하나 님의 나라 는 사람이 씨를 땅에 뿌림 과 같으니

그가 밤낮 자고 깨고 하는 중에 씨가 나서 자라되

어떻게 그리 되 었는지 알지 못하 느니 라

처음 에는 싹이 요 다음에는 이삭 이요 다음 에는

이삭 에충 실한 곡식이니라 우리 마음 밭에 심긴

하나 님의 씨가 썩어짐으로 많은 열매 맺기 원하네

나 -의하나 님이 여- 많 -은열매 주렁주렁 -

맺게하소서 하나 님의 나라 는 먹고마시 는 것 아니

요 오직 성령 안에서 의와 평강 희락이 라

G
남
자

105

사랑의 하나님

작사 & 작곡 이순희

사 랑의 하 나님 능 력의 하 나님
위 로의 하 나님 축 복의 하 나님

치 료의 하 나님 나의 하 나 님
기 적의 하 나님 나의 하 나 님

지 금 도 내 안에서 착 한일을 행 하 시 는

치 료의 하 나 님 나 의 하 나 님
기 적의 하 나 님 나 의 하 나 님

주님의 보혈을 의지할 때 106

작사 & 작곡 이순희

A
남자

107 지금까지 베풀어 주신

작사 & 작곡 이순희

나의 인생길 멀고 험하여　108

작사 & 작곡 이순희

나 의 인생길 멀 고 험하 여고통 중에 방황

할 때 밝은 빛 으로찾 아 오신 주님의 음 성

너 는두 려워말 라 내가 너 와함 께 하리라

너 는놀 라지말 라 나는 네 하나님됨이 라

내가너를굳세게 하리라 참으로 너를도와 주리라

참 -으로 나의 의로 운 오른손으로 너 를붙들리라

세 -미한 주의 음성 에 나의삶이새롭게 되 었 네

A
남
자

109 주님 오셨네

작사 & 작곡 이순희

주의 빛이 나의 영혼을 110

작사 & 작곡 이순희

A
남
자

111

수고하고 무거운

마 11:28-30

작사 & 작곡 이순희

수고 하 고 무거운 짐진자 들 아 모든

짐 내 려놓고 내게로 오 라

나 는마 음 이 온유하 고 겸 손 하 니

나 의명에를메 고 내게배우라 나 의명에를메 고 내게배우라

그 리하 면 너 희마음이 쉼 을 얻으리 라

내 명에는쉽고 내 짐은 가 벼 움 이 라 주님

께 맡 기어 라 주 님받아주 시 리 주 님

께 맡 기어 라 너 를지켜주 시 리

나의 힘 나의 소망

112

작사 & 작곡 이순희

나의 힘 - 나의 소망 나의 능력 되시 는 주님 -

나의 반석 나의 요새 나를 건지 시는 주님 -

여 - 호와는 나의지존자 나 의피 난 처

내 - 가피할 바위시 요 나 의방패이시 라

내가주를 - 사 랑합니다 내가주를 - 찬 양합니

다 영원토 록 내가주 를 찬 양합니 다 -

B
남자

113

내 사랑 나의 피난처

시 27:1

작사 & 작곡 이순희

내 사 랑 나의 피난처 시 요

나 의 지존 자 되시는 주 님

나 를 지켜 주시니 내겐두 려움

없 네 여 호 와 는 나의 빛이

요 나의 구 원 이시니 내 가 누 구

를 두 려 워 하 리 요 내 가 누 구

를 무 서 워 하 리 요 이 제 는

주 품 안 에 서 참 된 안 식 누 리 며

열 매 맺 는 삶 살 아 가 리 라

내 양은 내 음성을 들으며

복음과 내적치유 (8) / 요 10:27

작사 & 작곡 이순희

114

내 양 은 내음성을 들으며 나 는 그들을알 고 그

들 은나를따르 느니라 말 씀하신 주 님

권 - 능의 임재를 누 리는 삶으 로

성 - 령의 감동을 깨 닫는 삶으 로

인 도하여주소 서 건 강 한영 혼 과

고 요한 내 면으 로 모 든 죄악떨쳐내 고

예 수의이름으 로 하늘 의문을 열게하소 서 주

님 을뜨겁게 사랑함으로 죄 를회개하 고 성 령

의 인도받아 권 능 의 임재 속에살게하 소 서

B
남자

115 내 영혼 깊은 곳에서

작사 & 작곡 이순희

내 영혼깊은 곳에서 넘쳐흐르는

찬 양 나의영혼 참된 평강 넘치네

나를위한 주님 의보 혈 이 나 의 모 든

죄 를 씻어 정결 하 게 하시 네

주 님 의 보 혈 이 나를성결 케 하시네

주의 십자가 의 능 력 으 로 주보 혈의

능력 으로 승리하며 살 리 라

너희는 택하신 족속이요 116

벧전 2:9

작사 & 작곡 이순희

너 희는 택하신 족 속 이요 왕같은제사 장들이 라

너 희는 - 거룩한나 라요 그 의 소유가된 백성

이니 - 이 는 너희를 어두운데서 불러내 어

그 의 기이한 빛 에 들어가게 하신이의 아름다운 덕 을

선포하게하 심이 라 택 하신족 속 왕 같은제사장

거룩한나 라 그의소유가 된 백성이니 - 하나님의아름다운

덕 을 선포하 여 주 님의빛을발하 여

하나님의뜻을이루 어 열매맺는 삶 살 리 라

B 남자

117 비록 무화과 나무가

합 3:17-18

작사 & 작곡 이순희

비 록 무화과 나 무가 - 무성하지못 하며 -

포 도 나무에 열 매가없으 며 - 감 람 나무의소 출이

없으 며 - 밭 에 먹을것 이 없으며 우 리에 양 이

없으 며 - 외양간에 소 가없 을 지 라 도

나 - 아무것 없 어도 - 주님으로 만 족 해

나 - 아무것 없 어도 - 주님만을 찬 양 해

나 는 여호와 로 말미암아 - 즐 거워 하 며

나 의 구원의 하 나님으로 - 기 뻐하 리 라

사랑하는 나의 주께

118

작사 & 작곡 이순희

♩=90

사랑하는 나의주 께 첫 열매드 리 리

나의마음정성다 해 첫 열매드 리 리

흠 없고 정결한 것으로 첫 열매드 리 리

주 께서 복을주신대 로 자원하여드 리 리

모 든것 허락하신 주 께감 사 해

B
남자

119 십자가의 능력으로

작사 & 작곡 이순희

1.십 자가의 능력으로 나 의죄가씻겼네
2.십 자가의 사랑으로 나 의삶이변했네

십 자가의능력 으 로 새 롭게변화됐 네
십 자가의사랑 으 로 열 매맺게되었 네

십 자가의 능력으로 나 의영혼소생하 여
십 자가의 사랑으로 나 의영혼소생하 여

험 한세상속에 서 도 침 몰하지않겠 네

십 자가의 능력으로 진 리안에살리 라
십 자가의 사랑으로 진 리안에살리 라

십자가의 능력으로 정체성

작사 & 작곡 이순희

십 자가 의 능력으로 우리의정 체성을 발견하세

십 자가 의 능력으로 새로운 피조물답게 살 아가세

십 자가의 능력으로 죽어가는 영혼 살 리세

십 자가의 능력으로 깨 져가 는 가 정 살 리세

십 자가 의 능력으로 힘잃어가 는교 회 살 리세

십 자가의 능력으로 어두워 진 세상을 살 리세

B
남
자

121 여호와는 나의 빛이요

시 27:1

작사 & 작곡 이순희

여 호와는 나의빛이요 나의구원 - 이시니

내가누구를 두려워하리 여 호와는 - 내생명의 -

능력이시니 내가누구를 무 서워하리 요

하 나님이 내편이시니 내가두려워하지않 네

내인생에 - 가장귀한분 우 - 리예수님

거친풍파가 몰려올때도 내 가두려워하지않 네

우리가 이 보배를

고후 4:7-10

작사 & 작곡 이순희

B
남자

우리의 생명을 살리는

작사 & 작곡 이순희

육신의 장막집

124

고후 5:1

작사 & 작곡 이순희

육 신의 장막 집 - 벗은후 에는 하늘에 있 는집으 로

손 으로지은 집 이아니요 하 나님 이지 으신 집 으로 -

빈 손으로왔 다 가는인생 - 집 - 착하 지 말고 -

하 나 님 이 주실상 급 - 기 - 대하 면 서

주 안에서 - 빛 을발 하 며 열 - 매맺으 리

주 안에서 - 빛 을발 하 며 열 - 매맺으 리

B
남
자

125 인생길 험하고 힘들어도

작사 & 작곡 이순희

인생 길 - 험하고 힘 들어도 주 를보라 주

님 - 손잡고 걸 어가면 행복 한인생길되 리

주님과함께라 면 그 어떤험한길이라 도

두려 워하지 않 네 주님안에거하 면 주님품에

안겨 그손 잡 고 험한 풍랑 속 에 도

흔 - 들리지 않는 믿음 으 로 살아가 리

인생길 험하고 힘들어도 - 주와함께걸어가리 라

흔 - 들리지 않는믿음으 로 살아가 리 인생길 험하고

힘들어도 - 따 뜻한주님손잡 고 걸어가 리

좋은 나무 나쁜 나무

126

작사 & 작곡 이순희

좋 은나무 나 -쁜나무　우리들은무슨나무 일 까

좋은나무　좋은열매　나쁜나무나쁜열매 -

더 러운 마음의밭 - 갈고닦아옥토되어 -

아름다운 마음으로 좋은나무많이심어 -

예 수님의사랑 으로 - 예 수님의능력 으로 -

좋 은열매 많 -이맺어 - 빛가운데나 가 리

빛 의열매 모 -든착함 - 의 로움과진실함이 니

우리모두 좋은나무되어 빛의열매맺 으 리

D.S. al Fine

B
남자

127 주님의 보혈로 씻겨진

작사 & 작곡 이순희

주 님의 보혈로 씻 겨 진나의영혼은

성 령의인도받 아 자 유 하게살 겠 네

나 - 의사랑 내주여 지 금이시간에 도

나 - 를만져 주심을 느 끼게하여주소 서

주 님의 보혈 로 나 를씻어주시 리

주 의크신사랑 으로 - 나 를 새롭게하시 리

주의 핏값으로

128

작사 & 작곡 이순희

1. 주 의핏값으로 사 신 나 의몸을성결 케
2. 내 게있는모든 것 은 모 두주님것이 니
3. 주 님명령하심 따 라 몸 과마음바쳐 서

거 룩하게가꾸 어 서 주 님앞에드리 리
나 의모든것다 모 아 주 님앞에드리 리
이 웃사랑하기 위 해 주 님빛을받으 리

주 님주신나의 물 질 주 님주신나의 시 간
주 님주신나의 재 능 주 님주신나의 열 정
주 가맡긴사명 위 해 주 님주신나의 생 명

주 를위해드리 리 축 복의통로 되 어

주 님의뜻이루 어 서 주 께영광돌리 리

B
남자

129 감당할 수 없는 상처

복음과 영적전쟁 (4)

작사 & 작곡 이순희

길을 잃고 헤매이며

130

작사 & 작곡 이순희

♩=72

길 -을잃고 헤매이며 내 영혼 방 황할때
고 -난통해 찾아오신 주 님내게말씀 하시네
너는죄 인이라 너는 죄 인이 라 너는죄 인이라
들 려오는 주님 의음성에 주님 께사로잡혔 네
어 떤죄 보다 도 주 를 믿지않는죄 가 장 큰
죄이라 이어 서들려오는 주님의 음 성 세상
의 모든 것 은 헛된것 이 라 지금부 터
너 에게 참평 안을 주리라 주 님 만나
주 시 고 고 쳐 주 셨 네 나이 제주 의
크 신 사랑전하 며 충성되이살 아 가 리 라

B
남자

131 나를 괴롭혔던 것은

복음과 내적치유 (6)

작사 & 작곡 이순희

나를 위한 십자가 132

작사 & 작곡 이순희

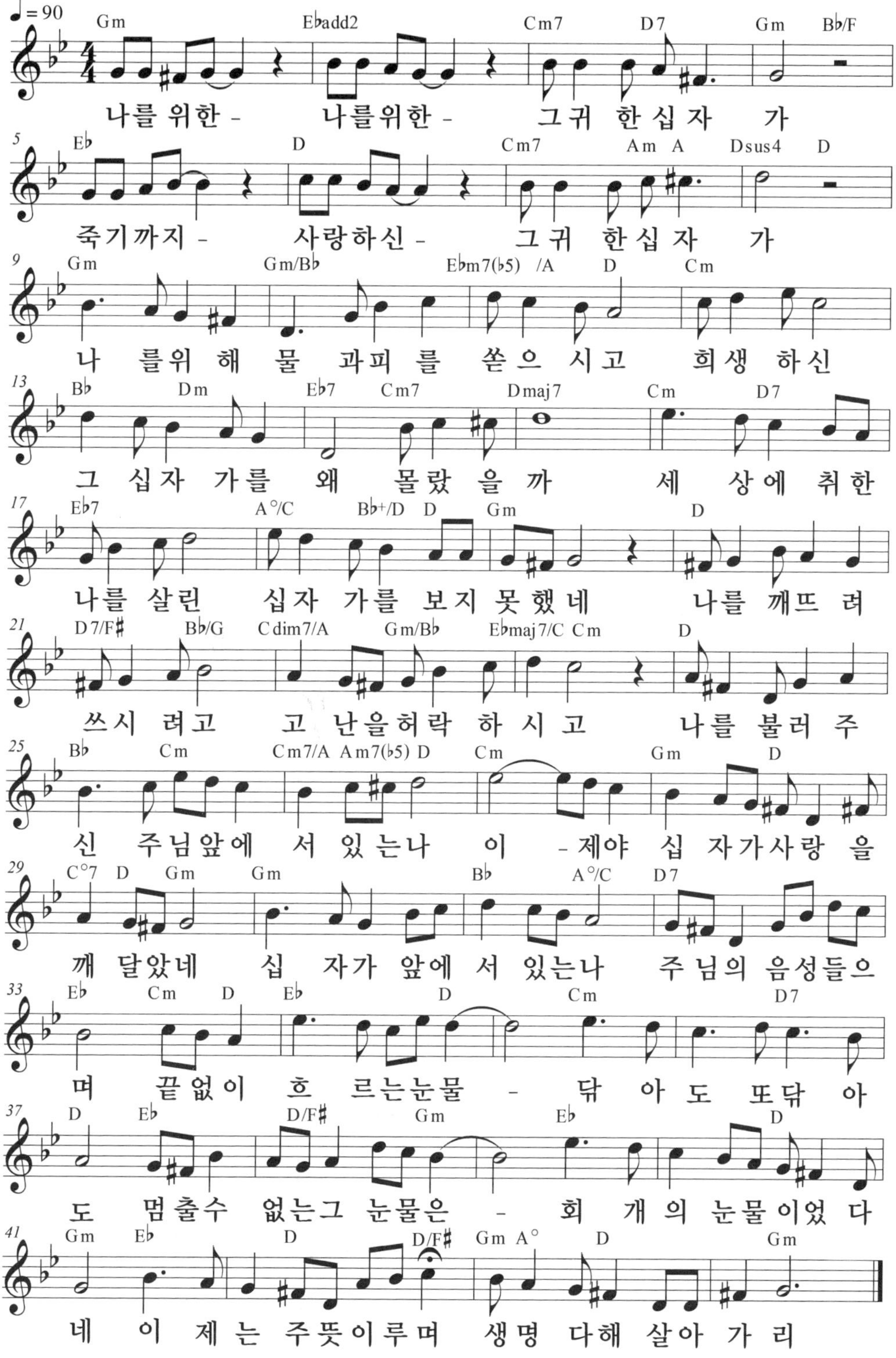

133 내가 원하던 삶을

복음과 영적전쟁 (2)

작사 & 작곡 이순희

내 가 원 하 던 삶 을 살 지 못 하 고
오 히 려 원 하 지 않 던 삶 을 살 던 나
죄 와 상 처 에 묶 여 곤 고 한 삶 을 살 며
사 망 의 그 늘 에 간 혀 있 던 나
악 한 영 을 이 길 힘 은 오 직 복 음 뿐 이 네
깨 어 지 고 무 너 지 고 자 아 를 내 려 놓 고 예 수
만 을 의 지 하 네 나 를 포 기 하 는 만 큼
복 음 의 지 하 고 복 음 의 지 하 는 만 큼
주 의 뜻 을 깨 닫 겠 네 복 음 의 능 력 을 의 지 함 으 로
주 님 의 빛 을 발 하 며 주 님 의 향 기 를 나 타 내 겠 네

내 인생의 벼랑 끝에서

5집 행복의 꽃 피어나려 할 때

작사 & 작곡 이순희

135 내 인생 행복의 꽃

5집 행복의 꽃 피어나려 할 때

작사 & 작곡 이순희

내인생 행복의 꽃 피어나 려할-때-에
내영혼 깊은 곳에 참된행 복심어주셨네

나를불러쓰시려고 내게고 난허락하셨네
내영혼-깊은곳에 참된행 복넘쳐흐르네

헛된행복에젖어 있을때 참된 행복찾게해 주시려

깨닫게 해 주시려 나를불 러주셨 네

깨어지고무너 지 고 상한마 음가 지 고

주님께 나아 갔을때 주님만 나주 셨 네

사 랑하는나의 자녀야 너 는 두려워마 라

내가너와함께 하리라 너 는 놀라지마 라

내가너를도와 주리라 나 의 오른손으 로

너를 붙들리 라 너를지켜주 리 라
너를들어쓰리 라

너무나 오랜 세월

복음과 내적치유 (7)

작사 & 작곡 이순희

너 무나오랜 세월 감 각을잃은 상처와

절 망으로 고통속 에 휩 싸였 네

감 추고싶 은 부끄러운 - 과 거 드러내고 싶지않은 -

고통스런 - 상 처 말 하지못할 아픔위 에

맑은물을 뿌려 새 영과새 마음 주시는 주 님

굳 은마음버리 고 부드러운 마음으로변화 되 네

하 - 나님의 능 력은 - 새 창조 의능 력

주 님의치료를믿 네 십자가의 능력을믿네 나 의모든것

회복을믿네 나를써 주심을믿 네 이제 는 하나님의

뜻을이루며 많은영혼살리는 삶으로 변화되 네

B
남자

137

빛을 발하라
4집 빛을 발하라

작사 & 작곡 이순희

너희 는세상 의 빛이 라 너희 는세상 의 빛이 라 -

빛을발하라 - 빛을발하라 - 빛 을 발하 라 -

주님 명령 하심 따라 - 어두워진세상속에 -
고통중에있는영혼 - 절망중에있는영혼 -

주님주신빛을받아 - 빛 을 발하 라 -

깨 닫지못한영혼 - 헛된세상따라가다 -

세상속에함몰되어 - 고통중에부르짖네 -

안타까운우리주님 - 우리에게말씀하네 -

수 렁에빠진영혼 - 빛을발해건져내라 -

너희 는세상 의 빛이 라 너희 는세상 의 빛이 라 -

빛을발하라 - 빛을발하라 - 빛 을 발하 라 -

성령이여 임하사

작사 & 작곡 이순희

성 령 이 여 임 하 사 　 주 뜻 알 게 하 시 고
성 령 이 여 임 하 사 　 크 신 권 능 주 시 고

주 님 예 비 하 신 복 　 누 리 게 하 소 　 서
주 님 의 동 역 자 로 　 나 를 써 주 소 　 서

성 령 님 　 나 의 죄 를 깨 끗 하 게 씻 － 어
축 복 의 　 통 로 되 어 쓰 임 받 게 하 소 서

죽 어 가 는 영 혼 들 을 인 도 하 게 하 소 서

139

어느 날 갑자기

작사 & 작곡 이순희

주의 눈으로

140

작사 & 작곡 이순희

주 의눈으 로 바 라보시 는 나의
모습은 어떨 까 고 달픈세 상 살아
가 면서 힘 들고지 친 내모습 헤아 릴 수 없는수
많은상 처에 짓눌려 굳어 진 마 음 감각없는마 음
문 을 두 드 리 시 는 나의주 님 마음의
문 열라하시 네 말 씀에순종하 여 마 음의
문 열고 주 님을 모셔 드 리 리 더이상 상처에
매 이지않고 주님께 내인생 내어드 리 리

B
남
자

Contents

Contents

*C*ontents

C o n t e n t s

Contents

나를 향한 주의 열정

5집 행복의 꽃 피어나려 할 때

작사 & 작곡 이순희

C
여자

♩ = 150

1. 나를 향한 주의 열정 - 나를 향한 주의 생각 -
2. 주를 향한 나의 마음 - 주를 향한 나의 생각 -

나의 영혼 깊은 곳에 - 봄비처럼 스며드네 -
나의 영혼 깊은 곳에 - 샘물처럼 솟아나네 -

나를 향한 주의 자비 - 나를 향한 주의 사랑 -
주를 향한 나의 기쁨 - 주를 향한 나의 사랑 -

나의 영혼 깊은 곳에 - 봄비처럼 스며드네 -
나의 영혼 깊은 곳에 - 샘물처럼 솟아나네 -

나의 영혼 살리시려 - 물과 피를 쏟으시고 -
주님 주신 마음 생각 - 솟아나는 기쁨 사랑 -

십자가를 지신 주님 - 영원토록 찬양하리 -
세상으로 펴져 나가 - 온 세상을 밝히시네 -

2 만왕의 왕 되신

작사 & 작곡 이순희

만 왕의 왕 되신 나 의하나 님
이 시간 온 마음과 뜻 정 성을 다 해
사 랑합니 다 경 배합니 다
찬 양합니 다 송 축합니 다
오 직주 님 홀 로 영광받 아주 소 서

세상 길 가는 동안

작사 & 작곡 이순희

4 세상을 버리지 못해

작사 & 작곡 이순희

세상을 살아가는

5

작사 & 작곡 이순희

6

예수의 보혈

사 53:5

작사 & 작곡 이순희

♩=96

예 수의 보혈   십자가의능력은   영 적전쟁의   승리의비결

영 적전쟁의   승리의비결   보 혈의능력   십자가의능력에

있 으니 -   예 수의 보혈   십자가의능력   의지하 여

영 적전쟁에서 승리하리라   예 수의 보혈   십자가의능력

은   우 - 리의   모든결박 풀 어 주 시 네

그 가 찔 림 은   우 리 의 허 물 때 문 이 요   우 리

의 죄 악 때 문 이 라   그 가 징 계 를 받 음

으 로   우 리 는 평 화 를   누 리 고   그 가 채 찍 에 맞 음

으 로   우 리 는 나 음 을   입 었 도 다   우 리 의

예수의 보혈

C
여자

모 든 문제 해결하신주 예 수의 보혈 십자가의능력

의지하 여 영 적전쟁에서 승 리 하 리 라

7 어둠에서 빛으로

복음과 영적전쟁 (10)

작사 & 작곡 이순희

운전대

작사 & 작곡 이순희

9 인생길 가다가

작사 & 작곡 이순희

인 생길 가다가 만 나는 모든 문제 -

믿 음을 가지고 승 리하 리 라

그 리스도인 이 영 적 싸움에 서

승 리하는유일 한 능 력 은 믿음뿐이 네

성 도의능력의 크기 는 민 음의크기 와 같 네 -

지 혜의 크기 와 믿 음의넓이와 같 네

성 도의 인내의 깊이 는 믿 음의 깊이

와 같 네 주 님이우 리 를

위 해 이루어 놓으신 모든것 을 믿 는

참 된믿음으 로 마음 천국누 리 세

Copyright © 2021, 7, 24, SOONHEE LEE, All rights Reserved, Used by permission.

피곤한 자에게는

작사 & 작곡 이순희

피 곤한자에게 는 능력을주 시 며 무능

한 자에 게 는 힘을더하 시나 니 소년

이 라도피곤하 며 장정 이 라도넘어지 되

오 직여호와를 앙망하는 자 는 새힘

을얻으리 니 독 수 리 가 날 개 치 며

올 라감같을것이 요 달 음 박질 하 여도 곤비

하 지아니하겠 고 걸 어 가 도 피곤 치 아 니 하리로

다 여 호 와 를 앙 망 하 여 주님주시 는 새

힘 을얻어 - 진리안 에자 유하 며살아가겠 네

11 하나님이 세우신

작사 & 작곡 이순희

하 나님이 세 우 신 아름다운우리가 정
성 령안에 하나되 어 예배드립니 다
사 랑의주 님 이 예배를 받으시 고
우리의 아픔 - 우리의 상처 - 고쳐주소 서
하늘의복 땅의복 자녀의복 허락하시 어
주님나라위하 여 쓰임받게 하소 서

호흡이 있는 자마다

시 150:1-6

작사 & 작곡 이순희

호 흡이 있는 자 마다 여호와를 찬양할 지 어다

그 의성소에 서 하나님을 찬양할지 어 다

권 능의궁창에 서 그 를 찬양할지 어 다

그 -의능 하 신 행 동을 찬양하 며

그 의지극히 위대하심을 따라 찬양할지 어 다

나 팔 소리로찬양 하며 비 파와수금으로 찬양 하며

소고치며춤 추어 찬양 하며 현악과 통소로 찬양 할지 어

다 큰 소리나 는 제금으 로 찬양 하며

높 은 소리나는제금 으로 찬양할 지 어 다

호 흡이 있는 자 마다 여호와를 찬양할 지 어 다

13 고난의 밤에

4집 빛을 발하라

작사 & 작곡 이순희

내가 주의 영을 떠나

시 139:7-10

작사 & 작곡 이순희

14

C / 여자

15

내 안에 숨겨온

작사 & 작곡 이순희

내 안에숨겨온 수 많 은 상처들 을
고 쳐 주 시 려 불러주신 주님 감당할수 없는
고난과 아픔속에 서 오직주 만 바라보게하 신 주
나 의시 선을 고정시 켜 주님만 을 바라 보리라
지 금도 주 님은 참으로 예배하는 자를찾 으 시
네 간절 히 주님만 바라보는나 에 게 주님의시
선이머무네 발걸음이멈 추 네 주 님 나의
상 처 치료하시 네 나의모든 아 픔 고쳐주시 네 예수의
사 랑으 로 예수의능력으 로 결박풀어 주 시 네
이 생명 다 하도 록 주님의뜻 이루며 살아가리 라

십자가가 머무는 장소

16

작사 & 작곡 이순희

17 십자가는 죄로 인해

작사 & 작곡 이순희

십자가 는 죄로인 해 죽을수 밖 에없는우리의생명을살 리네십자가
십자가 는 하나님 이 만드신진 실하고고귀한사랑을살 리네십자가

는 죄 중에 태어나본질상진 노의 자 녀인우리를살리네 - 십자가
는 하 나님 만드신영원한영 혼의 순 수한소망을살리네 - 십자가

는 고통속 에 괴로워 할 수밖 에없 - 는 우리의
는 성령으 로 충만케 채 워영 적권세 와 재능과

영혼을살 리 네 - 흘리신보 혈 로 깨끗게하 시 네
능력을살 리 네 -

십 - 자가 는 우리를 통 해

하 - 나님 이 세우신 교회와가정을살 리 네 세상을살리

네 나 주님이 맡기신십자가를 지고 - 내 마음과

정성을모두어영혼을 살 리리 이제나는 십자가 만 자랑하리

절망 속에 있는 나를

복음과 영적전쟁 (7)

작사 & 작곡 이순희

절 - 망속에 있는 나를 더 깊은절망 의 늪으로
사 망의골짜기로 인 도 하 시 는 나의 주 님
하 나님만 의지 하게 하는 주님의 사랑임을 깨 달았네
말 씀의 거울 에 비친내 모습보 며 절망 했 네
내안의죄로 인 해 상처로 가 득 한내 모 습
내 힘으로 해결 하지 못할 수많은문제 들
주 님앞에 내려 놓고 참자유를얻 겠 네
오 직주 만이 절망 에서 소망으로인도하시 네
오 직주 만이 내인 생에 참주인이되 시 네

19 치료의 광선

작사 & 작곡 이순희

험한 세상 속에

20

작사 & 작곡 이순희

21 길을 잃고 방황하며

5집 행복의 꽃 피어나려 할 때

작사 & 작곡 이순희

가장 낮고 초라한

22

작사 & 작곡 이순희

D
여자

23 감사함으로

시 100:4

작사 & 작곡 이순희

감사함 으 로 그의문에 - 들어가 며 찬송
함 으 로 그의 궁정에 들어가 서 그에
게 감사 하 며 그의이 름 을 송축
할 지 어 다 감 사 는 최고
의 예배 요 최고의 찬 양 이라 네
감 사로 주의선하신뜻 이 루 리
형통할때감사 하 고 고난중에도 감 사 하
리 오직주로인해감사하 리 라
넘 치 는 감사로 한계를 초월 하 는
은혜와능 력 축복받기원 하 네

나를 고쳐주시는

24

작사 & 작곡 이순희

D
여자

25 나의 사랑하는 자녀들아

4집 빛을 발하라 / 잠 6:16-19

작사 & 작곡 이순희

나의 삶에 풍랑   26

작사 & 작곡 이순희

27 너희는 주 안에서

골 3:5

작사 & 작곡 이순희

♩ = 105

너 희는 - 주 안에서 - 하나님의성 전이 니

너 희는 - 주 안에서 - 성 령의전 이 니

하나님의성 전은 거 룩하니 너희도거룩하여 라

너 희의 몸으로 하 나님께 영광 돌리 라

너 희는 주님이 사 셨으니 너희의것 아 니 요

주 님이 - 핏값으로 - 핏값으로사 셨으 니

땅에있는 지 - 체 죽 이라 - 땅에있는 지 - 체 죽 이라

너 희의 몸으로 하 나님께 영광 돌리 라

음 란과 정욕과 사 욕과 - 악한정욕 탐 심 버리고 -

먹 든지마시든지 무얼하든지 하나님께영광돌리 라

Fine.

받은 줄로 믿으라

4집 빛을 발하라 / 막 11:24 외

작사 & 작곡 이순희

D
여자

받은줄로믿 으 라 믿고구한 것은 받 - 은줄로 믿 으 라

너희 는먼저 그 의나라와 그 의의를구하 라 -

너희 는먼저 그 의나라와 그 의의를구하 라 -

그 리하 면 모든것을 - 너 희에 게 더하시리 -

그 리하 면 모든것을 너희 에게더하시 리 -

구하 라 주실것이요 - 찾으 라 찾을것이요 -

문을 두 드리라 열 릴것이 니 - 구하라

받은줄로믿으 라 - 믿고구한 것은 받 - 은줄로 믿 으 라

Fine.

보라 새해가

작사 & 작곡 이순희

보라 새 해가 환하게 다가왔네 - 주님 주 신 새로운 한 해 힘차

게 맞 이하세 - 또 한 해 를 허락하신 주 이전

것은 - 다 내려 놓고 - 새롭게 다시 시작 하게 하시네 새로

운 생각 새로 운 마음 새로 운 의지 새로 운 인생 새로

운 뜻주 시 고 예수피로 깨끗하게 하 시 네

새해에 부어주 실 하나님의 축복을 기대하 네

영혼의복 만남의복 건강의복 가정의복 물질의복 받기원하 네

복 - 이임하 는 자리는 간 절함의자리 요

깨어짐의자리 - 성결의 자리 - 충성의 자리 - 자족의 자리 -

보라 새해가

온유의 자리- 애통의 자리- 긍휼의 자리- 섬김의 자리 요

복 -이임하 는 자리에서- 주님예비하 신 복

영혼의복 만남의복 건강의복 가정의복 물질의복 받기원하 네

D 여자

30 복음의 능력

복음과 영적전쟁 (1)

작사 & 작곡 이순희

복음의능 력 천국의능력 예수 그리 스도의복 음 복음은

예 수 그리스 도로 나타난 천국 의능력 이 라 복음은

잃었던 영 적 능력을찾아주 는 천국의능력이 라

복 -음은 육을따르던삶을청산하 는 천국의능력이 라 복음으

로 하나님 의 뜻을알수있 는 능력을받겠 네

복 -음으로 하나님과교제할수 있 는능력을회복하 리 복음으

로 무의식 의 죄 를해결받 고 내적성결을 이루겠네

복음으로 내삶에 잃었던모든것 찾아내 리 복음으 로 내삶에

무너진모든것 회복하 리 예수 그리 스도의 복 음으로

빛의 옷을 입으라 31

4집 빛을 발하라

작사 & 작곡 이순희

사랑의 주님이

사 43:2

작사 & 작곡 이순희

사랑 의 주님이 날사랑 하시니 내겐두려움 없다 네 사랑

의 주님이 날지켜 주시니 나는 놀라지 않는 다 네 내가

물 가운데 지날 때 물이 날 침몰치 못하며 내가

불 가운데 지날 때 타지아 니 할 것이 요 불꽃

이 나를사르지 못하리 주님 이 오른손으 로 나를

잡 아 주시 니 나는 두 려 움 없 다 네

주님이 나를감 싸시니 내겐부족함 없 네

사랑의 주님이 날사랑 하시니 내겐두려움 없 다 네

사랑의 주님이 날지켜 주시니 나는놀라지 않는 다 네

영적 실력

복음과 내적치유 (4)

작사 & 작곡 이순희

영적실력은 말씀의실력 찬양의실력
기도의실력 예배의 실력으로 나타난 다 네
영적실력은 사랑의실력 희락의실력
자비의실력 양선의실력
화평의실력 인내의실력으로 나타난 다 네
충성의실력 온유와 절제로 나타난 다 네
성령의 열매로 나타나는 영적실력은 하나님의 영으로 인도받아
살아갈 때 쌓을수 있다 네 우 리의
영적싸움은 영적실력을 빛내고 배후에서 역사하는 악한영들
을 몰아내는 본질적싸움이네 자아와 죄를 이기고
악한영과 세상이기는 능력의 삶을 살기위해
악한권세 물리치는 영적실력 주실 주님을 의지하 세

34 우리 주 예수 그리스도

엡 1:17-19

작사 & 작곡 이순희

우 -리주 예수 그리스도 의 하나님

영 -광의 아버지께서 지혜와 계시의영 을

너희에게주 사 하나님을알게하시 며 너 의 마음에 눈을밝히

사 그 의소망의 부르심 이 무엇이 며 성도안에

서 그 기업의 풍성함이 - 무엇이 며 그 의힘 의

위력으로역사하심 따 라 믿 는 우리에게 베푸신 능력의

지극히 크심이 어떠한것을 너희로 알게하시 기 를 구하노

라 이시간 지혜와 계시의영 허락하시 사

영의눈을열게하시 고 영 의귀가 열리게 하 시 며

영 적인마음이 활짝열 려   하나님을알게하소 서

하나님이예비하신 모든축 복   받게하 소 서

D
여
자

35 영적전쟁 승리의 비결

작사 & 작곡 이순희

♩ = 90

영적전쟁승리의비 결 오직 보혈의 능력뿐이 네 예수

보혈을 의지하 여 영적 전쟁에서승리하리 라

예수의 보 혈 은 우리 모든죄 대속하 네

예수의 보 혈 은 우리 모든병 치유하 네

예수의 보 혈 은 우리 모든관계회복시키 네

예수의 보 혈 은 사명을 감당하게 하 는

능력이 있으 니 주님의 보혈의지 하 여

영 적 전쟁에 서 승리하며살 리 라

영적전쟁승리의비 결 주의보 혈

주님의 말씀 깨닫기 전

복음과 영적전쟁 (3) / 롬 7:9-25

작사 & 작곡 이순희

말씀

D / 여자

주님의 말씀 깨닫기 전 내가 살았더니 주님의
말씀 깨달은 후 죄는 살아나고 나
는 죽었도다 선을행하기 원하는 나 선을행
할 능력없네 내 안에두가지법 이 있는 것
을 깨달았네 내 속사람은 하나님
의 법을즐거워하지만 내 지체속에 한
다른법이 내 마음의법과싸워내 지체속에 있는
죄의법으로 사로잡는 것을 보는도다
오 난 곤고한사람이로다 - 이 사망의몸에서
누 가 나를건져내랴 오직 주님만 이
나 를 건져내리 주안에서 자유하리

37

주 보혈에 담겨진

작사 & 작곡 이순희

주 보혈에 담겨 진 하 나 님 의 약 속
하 나 님 의 능 력 그 리스도 보혈앞에 - - 서
주 의거룩함 깨달을 때 나 의기쁨 은 영원한기쁨이 네
내 맘속에 죄악 을 끝 없 이 탄 식 하 며
주 의거룩함 찬 양하네 - 나 의영 을정결하게 하 - - 는
보 혈의 능력으로 부 르심을 입었 네
어둠의 자녀에 서 빛 의자녀로 변화됐네
보혈을 힘입어 하나님앞에 한 걸음더 나아가 세
보 혈의담 긴 하나님약속 보혈 의 담긴 하나님 능력
의 지 하 여 땅 끝 까 지 복 음 전 하 리 라

주의 영이 내게 임하셨으니   38

4집 빛을 발하라 / 눅 4:18-19

작사 & 작곡 이순희

D 여자

♩ = 128

주의영이 - 내 게 임 하셨 - 으니 나의죄를 - 씻 어 주시리 -

주의영이 - 내 게 임 하셨 - 으니 나를새롭 - 게 - 해 주시리

주의영이 - 내 게 임 하셨 - 으니 주의권능 - 얻 으 리

주의영이 - 내 게 임 하셨 - 으니 주의복음 - 전 하리라

가 난한 - 자 에 게 아름다운 - 소 식 을

전 하게 - 하시 려 기름부어 - 주 시 네

마 음이 - 상한자 고 치며 - 포 로된 - 자에게 자 유를 -

갇 힌자 - 에게 놓 임을 - 선 포하 - 겠 - 네 -

눈 먼자 - 에게 다시보게 함을 눌 린자 - 를 - 자유롭게 -

주 의은 - 혜 의 해를전 파하 - 리 라

39

하나님의 나라는

막 4:26-28

작사 & 작곡 이순희

하나 님의 나라 는 사람이 씨를 땅에 뿌림 과 같으니

그가 밤낮 자고 깨고 하는 중에 씨가 나서 자라되

어떻게 그리 되 었는지 알지 못하 느니 라

처음 에는 싹이 요 다음에는 이삭 이요 다음 에는

이삭 에충 실한 곡식이니라 우리 마음 밭에 심긴

하나 님의 씨가 썩어짐으로 많은 열매 맺기 원하네

나 -의하나 님이 여- 많 -은열매 주렁주렁 -

맺게하소서 하나 님의 나라 는 먹고마시 는 것 아니

요 오직 성령 안에서 의와 평강 희락이 라

사랑의 하나님

40

작사 & 작곡 이순희

D / 여자

사 랑의 하 나 님 능 력의 하 나 님
위 로의 하 나 님 축 복의 하 나 님

치 료의 하 나 님 나 의 하 나 님
기 적의 하 나 님 나 의 하 나 님

지 금 도 내 안에서 착 한일을 행 하 시 는

치 료의 하 나 님 나 의 하 나 님
기 적의 하 나 님 나 의 하 나 님

41 수고하고 무거운

마 11:28-30

작사 & 작곡 이순희

수고하 고무거운 짐진자 들아 모든

짐 내려놓고 내게로 오 라

나 는마 음이 온유하 고 겸 손 하 니

나 의명에를메 고 내게배우라 나 의명에를메 고 내게 배우라

그 리하 면 너 희마음이 쉼 을 얻으리 라

내 명에는쉽 고 내짐 은 가 벼움 이 라 주님

께 맡기어 라 주 님받아주 시 리 주 님

께 맡기어 라 너 를지켜주 시 리

주님의 보혈을 의지할 때   42

보혈

작사 & 작곡 이순희

E 여자

43 지금까지 베풀어 주신

작사 & 작곡 이순희

나의 인생길 멀고 험하여 44

작사 & 작곡 이순희

나 의 인생길 멀 고 험하 여고통 중에 방황
할 때 밝은 빛 으로찾 아오신 주님의 음 성
너 는두 려워말 라 내가 너 와함 께 하 리라
너 는놀 라지말 라 나는 네 하나님됨이 라
내가너를굳세게 하리라 참으로 너를도와 주리라
참 -으로 나의 의로 운 오른손으로 너 를붙들리라
세 -미한 주의 음성 에 나의삶이새롭게 되 었 네

E
여자

45 나의 하나님

작사 & 작곡 이순희

나의 하 나 님　나 의 하 나 님
성 부 하 나 님　성 자 하 나 님

내 게 임 하 소 서　내 게 임 하 소 서
성 령 하 나-님　내 게 임 하 소 서

나 의 몸 과 마 음　주 께 드 리 오 니

나 를 어 루 만 져　주 뜻 이 루 소 서

나 의 하 나 님　나 의 하 나 님

내 게 임 하 소 서　내 게 임 하 소 서

주님 오셨네

작사 & 작곡 이순희

E
여자

주님오셨 네 메리크리스 마스 - 귀한 성탄의아
침　　우리모여 예수를 찬양하고경배 해
사망의그늘에 앉은 자들에게 큰 빛으로
찾아오신나의 주님　예수의빛비춰 지면
우리의인생은 보석 처럼 - 영롱하게빛 나 는 아름
답 고존귀한 인생으로 변화 되 네
만왕의왕으로 탄생하신아 기예 수 놀랍
고 감격스런 기적의 성탄의아 침
온 세상의 메시 야 왕 의 왕
예 수 그리스도의 탄생을 찬 양 해
성탄의날 - 메 리크리스마스 - 주님오 신 날

47 주의 빛이 나의 영혼을

작사 & 작곡 이순희

나의 힘 나의 소망 48

작사 & 작곡 이순희

나의 힘 - 나의 소망 나의 능력 되시 는 주님 -

나의 반석 나의 요새 나를 건지 시는 주님 -

여 - 호와는 나의지존자 나 의피 난 처

내 - 가피할 바위시 요 나 의방패이시 라

내가주를 - 사 랑합니다 내가주를 - 찬 양합니

다 영원토 록 내가주 를 찬 양합니 다 -

49 내 사랑 나의 피난처

시 27:1

작사 & 작곡 이순희

내 사 랑 나의 피난처 시 요

나 의 지존 자 되시는 주 님

나 를 지켜 주시니 내겐두 려움

없 네 여 호 와 는 나의 빛이

요 나의구 원 이시 니 내가 누구

를 두려워 하 리 요 내가 누구

를 무서워 하 리 요 이제는

주 품 안 에 서 참된안 식 누리며

열 매 맺 는삶 살 아 가 리 라

내 양은 내 음성을 들으며 50

복음과 내적치유 (8) / 요 10:27

작사 & 작곡 이순희

F / 여자

51 내 영혼 깊은 곳에서

작사 & 작곡 이순희

너희는 택하신 족속이요　52

벧전 2:9

작사 & 작곡 이순희

53 비록 무화과 나무가

합 3:17-18

작사 & 작곡 이순희

비록 무화과 나무가 - 무성하지 못 하며 -

포도 나무에 열 매가 없으며 - 감 람 나무의 소 출이

없으며 - 밭 에 먹을 것 이 없으며 우 리에 양 이

없으 며 - 외양간에 소 가 없 을 지 라 도

나 - 아무것 없 어도 - 주님으로 만 족 해

나 - 아무것 없 어도 - 주님만을 찬 양 해

나 는 여호와로 말미암아 - 즐 거워 하며

나 의 구 원의 하 나님으로 - 기 뻐 하 리 라

감사

사랑하는 나의 주께

54

작사 & 작곡 이순희

사 랑 하 는 나 의 주 께 　 첫 열 매 드 리 리

나 의 마 음 정 성 다 해 　 첫 열 매 드 리 리

흠 없 고 　 정 결 한 것 으 로 첫 열 매 드 리 리

주 께 서 　 복 을 주 신 대 로 자 원 하 여 드 리 리

모 든 것 　 허 락 하 신 주 께 감 사 해

F
여자

55 십자가의 능력으로

작사 & 작곡 이순희

1. 십 자가 의 능력으로 나 의죄가씻겼네
2. 십 자가 의 사랑으로 나 의삶이변했네

십 자가의능력으 로 새 롭게변화됐네
십 자가의사랑으 로 열 매맺게되었네

십 자가 의 능력 으로 나 의영혼소생하 여
십 자가 의 사랑 으로 나 의영혼소생하 여

험 한세상속에 서 도 침 몰하지않겠 네

십 자가 의 능력 으로 진 리안에살리 라
십 자가 의 사랑 으로 진 리안에살리 라

십자가의 능력으로 정체성 56

작사 & 작곡 이순희

십 자 가 의   능 력 으 로   우 리 의 정 체 성 을   발 견 하 세

십 자 가 의   능 력 으 로   새 로 운 피 조 물 답 게   살 아 가 세

십 자 가 의   능 력 으 로   죽 어 가 는 영 혼   살 리 세

십 자 가 의   능 력 으 로   깨 져 가 는 가 정   살 리 세

십 자 가 의   능 력 으 로   힘 잃 어 가 는 교 회   살 리 세

십 자 가 의   능 력 으 로   어 두 워 진 세 상 을   살 리 세

57

여호와는 나의 빛이요

시 27:1

작사 & 작곡 이순희

여 호와는 나의빛이요 나의구원 - 이시 니

내가누구를 두려워하리 여 호와는- 내생명의-

능력이시니 내가누구를 무 서워하리 요

하 나님이 내편이시니 내가두려워하지않 네

내인생에- 가장귀한분 우 -리예수 님

거친풍파가 몰려올때도 내가두려워하지않 네

우리가 이 보배를

고후 4:7-10

작사 & 작곡 이순희

58

우 리가 - 이보배를 질그릇에 - 가졌으 니

심 히 큰능력 이 하나님께 - 있 고

우리에게 - 있 지 아니함을 - 알게하려함 이 라

보 배되신주 님 을 주인으로모 신 자 는

사 방으로우겨쌈을 당하여도 - 싸이지 아니하 며

답 답한일 을 당하여도 - 낙심하지 - 아니하 고

박 해를받 아 도 버린바 되지 - 아니하 며

거 꾸러 뜨림을 당하여도 - 망하지 아니하 며

우 리가 - 항 상 예 수의 - 죽음 을 몸에 - 짊어짐 은

예 수의 - 생명이 우리몸에 - 나타나게하려함이 라

D.S. al Fine

F
여자

59 우리의 생명을 살리는

육신의 장막집

고후 5:1

작사 & 작곡 이순희

♩ = 90

육 신의 장막 집 - 벗 은후에는 하늘에 있는집으 로

손 으로지은 집 이아니요 하 나님 이지 으신 집 으로 -

빈 손 으로왔 다 가 는인생 - 집 - 착하 지 말고 -

하 나님 이 주 실상급 - 기 - 대하 면 서

주 안에서 - 빛 을발 하 며 열 - 매맺으 리

주 안에서 - 빛 을발 하 며 열 - 매맺으 리

61 인생길 험하고 힘들어도

작사 & 작곡 이순희

좋은 나무 나쁜 나무

62

작사 & 작곡 이순희

좋은나무 나 - 쁜나무 우리들은무슨나무 일 까

좋은나무 좋은열매 나쁜나무나쁜열 매 -

더 러운 마음의밭 - 갈고닦아옥토되어 -

아름다운 마음으로 좋은나무많이심어 -

예 수님의사랑 으로 - 예 수님의능력 으로 -

좋 은열매많 - 이맺어 - 빛가운데나 가 리

빛 의열매모 - 든착함 - 의로움과진실함이 니

우리모두 좋은나무되어 빛의열매맺으 리

D.S. al Fine

63 주님의 보혈로 씻겨진

작사 & 작곡 이순희

주 님의 보혈로 씻 겨 진나의영혼은
성 령의인도받 아 자 유 하게살 겠 네
나 - 의사랑 내주여 지 금이시간에 도
나 - 를만져 주심을 느 끼게하여주소 서
주 님의 보혈 로 나 를씻어주시 리
주 의크신사랑 으로 - 나 를 새롭게하시 리

주의 핏값으로

64

작사 & 작곡 이순희

1. 주 의핏값으로 사 신 나 의몸을성결 케
2. 내 게있는모든 것 은 모 두주님것이 니
3. 주 님명령하심 따 라 몸 과마음바쳐 서

거 룩하게가꾸 어 서 주 님앞에드리 리
나 의모든것다 모 아 주 님앞에드리 리
이 웃사랑하기 위 해 주 님빛을받으 리

주 님주신나의 물 질 주 님주신나의시 간
주 님주신나의 재 능 주 님주신나의열 정
주 가맡긴사명 위 해 주 님주신나의생 명

주 를위해드리 리 축 복의통로되 어

주 님의뜻이루 어 서 주 께영광돌리 리

F
여자

65 감당할 수 없는 상처

복음과 영적전쟁 (4)

작사 & 작곡 이순희

길을 잃고 헤매이며　　66

작사 & 작곡 이순희

67 나를 위한 십자가

작사 & 작곡 이순희

내가 원하던 삶을

68

복음과 영적전쟁 (2)

작사 & 작곡 이순희

F
여자

69 내 인생의 벼랑 끝에서

5집 행복의 꽃 피어나려 할 때

작사 & 작곡 이순희

♩=86

Dm A7 F Gm B♭sus2 Asus2 A
내 인생의 벼랑 끝에 서   내 인생의 한계선에 서

Gm Asus2 Asus2/C♯ Dm Gm Aadd2 Dm Gm
내 인생의 절망 가운 데   쓰러지고 넘어질 때 에

A Dm B♭sus2 Gm7 Aadd2
단 하루만 이라도   편히 살고 싶어 서

A/C♯ Dm Gm Aadd2 Dm
주 앞에 나아갔더 니   주님 만나 주 셨 네

B♭ Gm F Gm C♯°7/A A/C♯ Dm
주님 빛을 비춰주셨 네   주님 고쳐 주 셨 네

A A/C♯ Dm F Gm A7
나 의 모 든 생 각 을   사 로 잡 아 주 셨 네

A/C♯ Dm E° A7/C♯ Dm
나 의 모 든 정 욕 을   내 려 놓 게 하 셨 네

Dm A F Gm B♭ A
내 인생의 벼랑 끝에 서   내 인생의 한계선에 서

Gm A Dm Em7(♭5) A/C♯ Dm
내 인생의 절망 가운 데   쓰러지고 넘어질 때 에

A A/C♯ Dm F Gm7 A
우리 주님 고난 중 에   나 를 부르셨 네

F Gm A Gm7/E E° Dm C Dm
모든 결박 푸 셨 네   고난을 유익으 로 고난을

F Em7(♭5) A/C♯ Dm Aadd2 Dm
유익으 로 역전시 켜   나를 써 주 시 네

Fine.

내 인생 행복의 꽃

70

5집 행복의 꽃 피어나려 할 때

작사 & 작곡 이순희

F / 여자

71

너무나 오랜 세월

복음과 내적치유 (7)

작사 & 작곡 이순희

너 무나오랜 세월 감 각을잃은 상처와

절 망으로 고통속 에 휩 싸였네

감 추고싶 은 부끄러운 - 과 거 드러내고 싶지않은 -

고통스런 - 상 처 말 하지못할 아픔위 에

맑은물을 뿌려 새 영과새 마음 주시는 주 님

굳 은 마음버리 고 부드러운 마음으로변화 되 네

하 - 나님의능 력은 - 새 창조 의능 력

주 님의치료를믿 네 십자가의 능력을믿네 나 의모든것

회복을믿네 나를써 주심을믿 네 이제 는 하나님의

뜻을이루며 많은영혼살리는 삶으로 변화되 네

성령이여 임하사

72

작사 & 작곡 이순희

성 령 이 여 임 하 사 주 뜻 알 게 하 시 고
성 령 이 여 임 하 사 크 신 권 능 주 시 고

주 님 예 비 하 신 복 누 리 게 하 소 서
주 님 의 동 역 자 로 나 를 써 주 소 서

성 령 님 나 의 죄 를 깨 끗 하 게 씻 - 어
축 복 의 통 로 되 어 쓰 임 받 게 하 소 서

죽 어 가 는 영 혼 들 을 인 도 하 게 하 소 서

F
여자

73 어느 날 갑자기

작사 & 작곡 이순희

주의 눈으로

74

작사 & 작곡 이순희

F
여자

주 의눈으 로   바 라보시 는   나 의
모습은   어떨 까   고 달픈세 상 살아
가 면서   힘 들고지 친 내모습   헤아 릴 수 없는수
많은상처에   짓눌려   굳어 진마 음   감각없는마 음
문 을   두 드리시 는   나의주 님   마음의
문   열라하시 네   말 씀에순종하 여   마음의
문열고 주 님을모셔 드 리 리   더이상 상처에
매 이지않고   주 님께 내인생   내어드 리 리

Copyright © 2021, 8, 22, SOONHEE LEE, All rights Reserved, Used by permission,

75

나는 믿네 부활의 능력

작사 & 작곡 이순희

나는 믿 네 부활의능 력   예수 부 활 하 셨 네   영원

한 소망되신예 수   부활 의   능력으 로   세상

을 이기고 죄를 이기고   사망 을   이기셨 네   모든

것 이 역전되 는   부활의새 벽   슬픔 은 춤이되고 -

죽음은 생명되 네   영원한 기쁨을   누리게 하는 -

부 활의 - 능 력   모   - 든것을 회복시키는

부 활의 - 능 력   날   - 마다 승리하게하 는

부 활의 - 능 력   나는 믿 네 부활의능 력

더러운 세상속에 서 　성 결의은혜를 입 고 　어

두운세상속 에 서 　빛 을 발하며 　거 짓된 세상

속에서 진리를 따라가네 - 　예수부활하 셨 네

G
여
자

76

나의 연약함을

작사 & 작곡 이순희

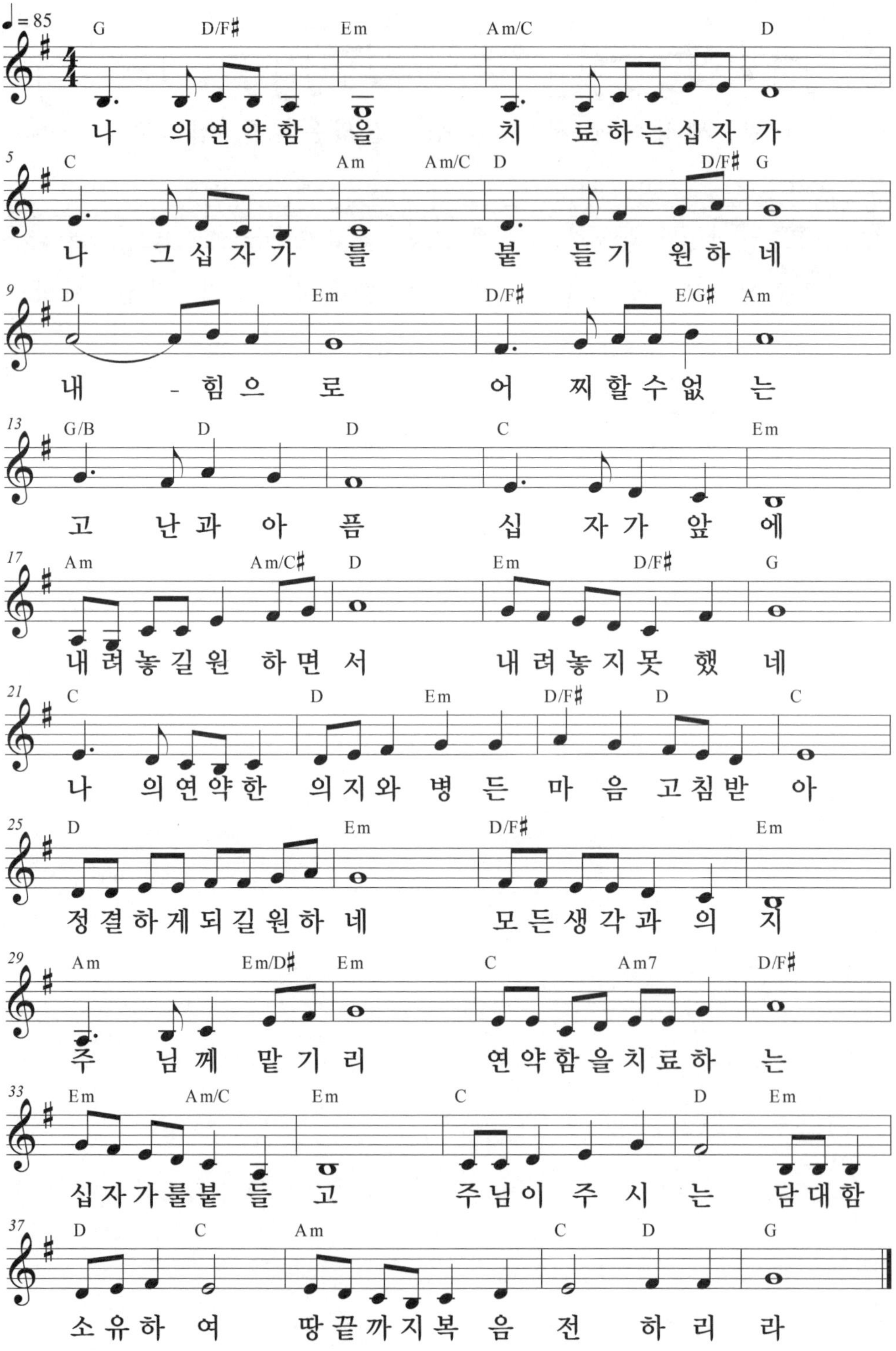

♩= 85
G D/F♯ Em Am/C D
나 의연약함 을 치 료하는십자 가
C Am Am/C D D/F♯ G
나 그십자가 를 붙 들기 원하 네
D Em D/F♯ E/G♯ Am
내 -힘으 로 어 찌할수없 는
G/B D D C Em
고 난과 아 픔 십 자가 앞 에
Am Am/C♯ D Em D/F♯ G
내려놓길원 하면 서 내려놓지못 했 네
C D Em D/F♯ D C
나 의연약한 의지와 병 든 마 음 고침받 아
D Em D/F♯ Em
정결하게되길원하 네 모든생각과 의 지
Am Em/D♯ Em C Am7 D/F♯
주 님께 맡기 리 연약함을치료하 는
Em Am/C Em C D Em
십자가를붙 들 고 주님이 주 시 는 담대함
D C Am C D G
소유하 여 땅끝까지복 음 전 하 리 라

내려놓지 못한   77

작사 & 작곡 이순희

내려 놓지못한나의인 생 고통중에신음하며살았 네   내안

에서요동치는- 육신의정욕 안목의정욕 이생의자랑

따라살았네 참 만족 을얻기위 해 참 행복을 찾 기위 해

나 의모 든열 정을 쏟 아봤 지만 허 무함 뿐 이 네

나 -의주 님 어둠의 일 을벗 고 빛 으로 나 오라

말 씀하 시네 수 고하 고무 거운 짐 내 려놓으라하 시 네

나 이 제육 체일 을 벗 어버 리고 빛 가운 데나 아 가 겠 네

나 - 이제 주 님앞 에모 든것 내 려 놓 겠 네   내안

에 서착 한일 을시 작 하시네 내 영 혼 참 만족 을얻었 네

G
여자

78 내 안에 나도 알지 못하던

작사 & 작곡 이순희

내 안에 두 가지 법

80

내 영혼 선한 싸움

딤후 4:7-8

작사 & 작곡 이순희

내 영혼 선한싸움 - 싸워이제는
영혼의 평안함을 - 누리며살리
주님주신 나의삶을 - 주께드리며
믿음의 선한싸움 - 싸워이기리
이제후로 는 나를위하여
의의면류 관 예비하시리
나의삶에 험한풍랑 - 휘몰아쳐도
내영혼 선한싸움 - 싸워이기리 -

내 영혼 주 안에서 81

작사 & 작곡 이순희

82 너희는 세상의 소금

마 5:13

작사 & 작곡 이순희

1. 너 - 희는 - 세상의 소금이요 - 세상의빛 - 이 라
2. 우리모두 - 세상의 소금되어 - 세상의빛이되 어

너 희는 - 세상의 소금이요 - 세 상의빛 이 라
세 상의 - 소금과 빛이되어 - 빛 을 - 발하 자

소 금이 - 맛 을 잃 으면 - 무엇으로 - 짜 게 하 리요 -

밖 에 버려져 사람에게 - 밟 힐뿐 이 라

너 희가 빛 을 잃 으면 - 무엇으로세상을 밝히리요 -

주님의 말씀대로 빛과소금되 어 세상을 밝 히 라

고통중에살아가는 사람들을 - 주님께로인도하 라

사 망의그늘에서 아우성치며 신음하는영혼들에 게

해산하는수고로 빛과소금되 어 주님께로인도하 라

누가 우리를

롬 8:35-37

작사 & 작곡 이순희

♩ = 90

누 가우리를 누가우리를 하나님의사랑에서 끊으리요 -

누 가우리를 누가우리를 하나님의사랑에서 끊으리요 -

예 수안에 있 는자 결 코정 죄함 없네

예수안에 있 는 생 명의 성 령의법 이 죄 와사망의

법 에서 나를해방하였음이 라 누 가정 죄하리요

다시 사신주님이 나를지켜주시니 그누구도정죄못하 네

누 - 가우리 를 그리스도 예수의 사랑에서 끊으 리요

환난이나곤 고 나 박해나 기근이나적신 이 나 위험이나

칼 이 라 이 모든 일에 십 자가에 못박 혀 죽기까지

우리를 사랑하신 주 로 인해 넉 넉히이기느니 라

G
여자

84

복 있는 사람은

시 1:1-3

작사 & 작곡 이순희

복 있는 사람 은 악인들의 꾀 를 따르지않고

죄인들의 길 에 서지않으며 오 만한 자들의 자 리에 -

앞 지않고 여호 와의 말씀 을 주 야로 묵 상하는도

다 말 씀을 주 야로 묵상하는 자 에

게 형통의 복 을허락하시 리 시냇가에 심 은나무

처럼 - 철을따라 열 매맺 으며 - 잎사귀 가 마르지

아니함 같으리 라 복 있는 사람 은

생일 축하합니다

85

작사 & 작곡 이순희

생일축하합니다 생일축하합니다 당신의 생일을 축하합니다

생일축하합니다 생일축하합니다 당신의 생일을 축하합니다

고귀하고존귀한 당신의 생일을 축하합니다 오늘

이 시간 당신을 사랑하는하나님 이

복에복을더하여 주시기를 기도합니다

G / 여자

86 십자가를 만나면

작사 & 작곡 이순희

십자가의 용서와 사랑

87

작사 & 작곡 이순희

G
여자

88 약할 때 강함 되시는

복음과 영적전쟁 (6)

작사 & 작곡 이순희

어느 날 주님을 만난 후 89

작사 & 작곡 이순희

90 영원토록 빛나리

4집 빛을 발하라

작사 & 작곡 이순희

♩=90

영원토록빛 나 리　　영원토록빛 나 리

♩=124

바닷 - 가의 모래 같이 -　많고많은사람중에 -

나를 - 택해 연단 하여 -　쓰 시려 고하 시 네

징 계하 고연 단하여 　-　성 결하게만 들어 서 -

하 나님 과동 역하 여 -　주 님의 뜻이 루시 려 -

불 러주신　　나 의주님　명 령따라순 종하리 -

하 나님 과동 역하 여 -　복 음들 고나 아가 서 -

지친 - 영혼 상한 영혼-　주 님께 로인 도하 여 -

저하 - 늘의 별과 같이 　영 원토 록빛 나 리

예수님 나를 위해

91

작사 & 작곡 이순희

G
여자

92 오라 우리가 서로 변론하자

사 1:18

작사 & 작곡 이순희

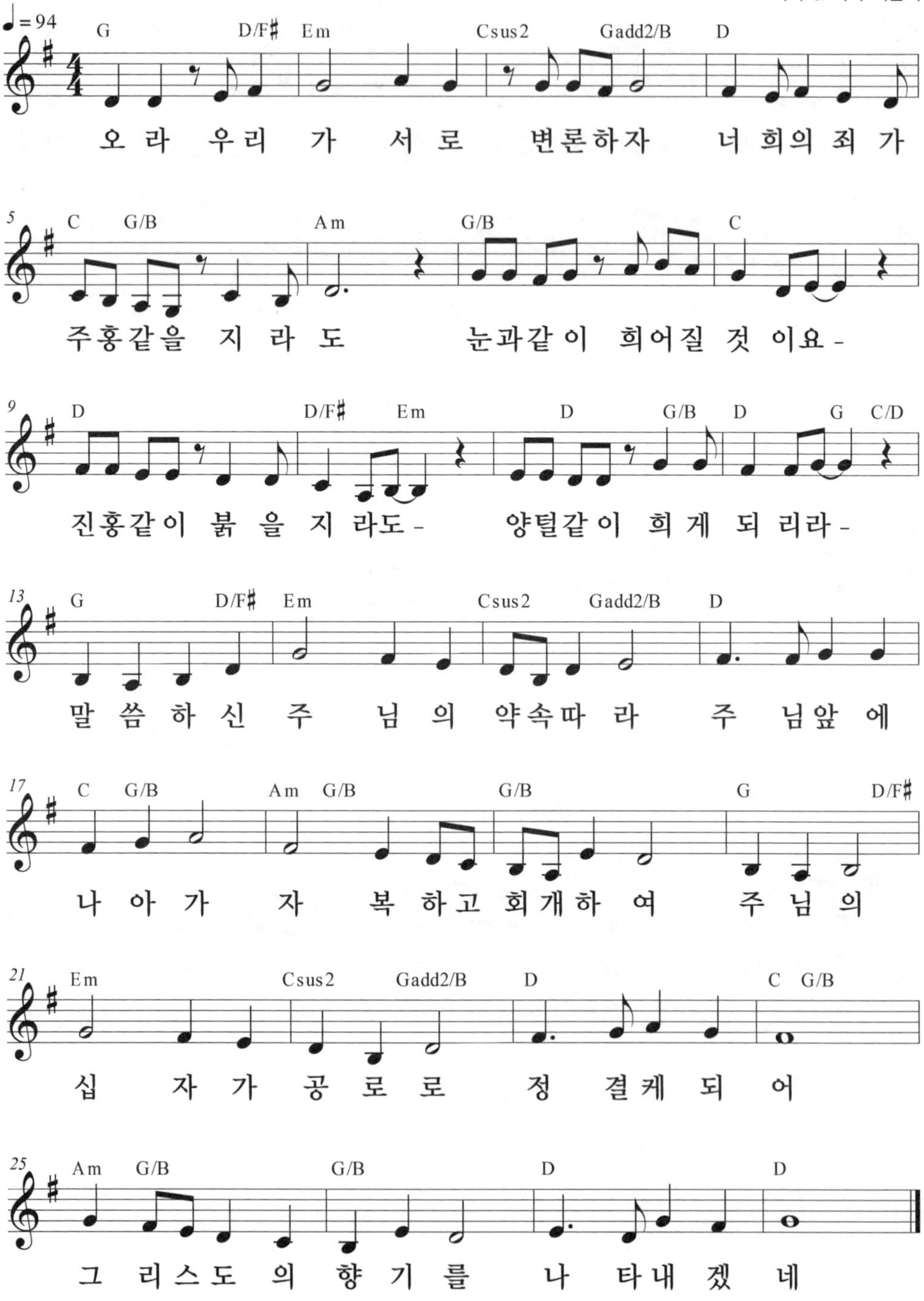

♩= 94
G D/F# Em Csus2 Gadd2/B D
오 라 우 리 가 서 로 변론하자 너 희의 죄 가
C G/B Am G/B C
주홍같을 지 라 도 눈과같 이 희어질 것 이요 -
D D/F# Em D G/B D G C/D
진홍같이 붉 을 지 라도 - 양털같 이 희 게 되 리라 -
G D/F# Em Csus2 Gadd2/B D
말 씀 하 신 주 님 의 약속따 라 주 님앞 에
C G/B Am G/B G/B G D/F#
나 아 가 자 복 하고 회개하 여 주 님 의
Em Csus2 Gadd2/B D C G/B
십 자 가 공 로 로 정 결케 되 어
Am G/B G/B D D
그 리스도 의 향 기 를 나 타내 겠 네

오라 우리가 여호와께

호 6:1-3

작사 & 작곡 이순희

오 라우리가 여호와께 돌아가 자 돌아 가 자

여 호와께서 우리를 찢으셨으 나 도로낮게 하실것이요

우리를 치셨으 나 싸매주실 것 이 라

여호와를알자 힘 써여호와를알자 우리가힘써여호 와를알자 -

여호와를알자 힘 써여호와를알자 우리가힘써여호 와를알자 -

그 의나타나심 은 새벽빛같 이 어김없나 니

비 와같이 땅 을적시는 늦 은비와 같이 -

우 리에게 임 하시리 라 임 하시 리 라

G
여자

94 우울의 늪에서 건지시는

복음과 내적치유 (9)

작사 & 작곡 이순희

위의 것을 생각하라

95

4집 빛을 발하라 / 골 3:2-4

작사 & 작곡 이순희

위의 것 을 생각하 라 땅의 것 을 보지마 라 주안

에 서 죽었으 면 하늘의 것 바 라보 라

십 자가 에 박혔으면 - 위 의것 을바 라보 라 -

부 서지고 - 무 너지고 - 깨 어지 는심 령위 에 -

주 님함 께 일 하시리 - 주 님동 역하 시 리

주 와함께 - 감 추인 생 명 주 와함께나 타나 리 - (주님)

나 를 써주시 리 축 복의 통로되 어 - 주님

의 뜻 이루 리 위의 것을 생 각하 라

Fine.

G
여자

96 의와 평강 희락

작사 & 작곡 이순희

의 와평 강희락 의 와평 강희락

의 와평 강희락 얻게하 소서

Fine.

주 님의 자녀된 우리가 - 깨 닫지못 하고
주 님의 자녀된 우리가 - 빛 잃고헤 매고

죄 를짓 는모습 이 안타까워 징 계하 시 는

주 님의 마음 얼 마나 얼 마나아프 실 까

사랑하는자녀에 게 예비하신 복 을 주시 려고 사 람

의 매와 인생의 채찍으로 징계하시는 주 님

말 씀의빛을받 아 우리안에 죄를보게하 - 시 고

회 개하 게하시 어 예비하신 복을 받게 하소 서

주 님예 비하신 복 의와평강 희락 언게하소 서

자아의 절망과 십자가

복음과 내적치유 (2)

작사 & 작곡 이순희

G
여자

98 절망이 있는 곳에서

작사 & 작곡 이순희

1. 절 망이있는곳 에 서 소망을 말하는것 은
2. 슬 픔이있는곳 에 서 기쁨을 말하는것 은
3. 불 의가있는곳 에 서 진리를 외치는것 은

미움과 다툼이 있는곳에서 평화를 만드는것 은
불평과 불만이 있는곳에서 감사를 만드는것 은
정욕과 탐심이 있는곳에서 헌신을 만드는것 은

하 나님의 자녀로 서 하 나님의 말씀을

선 포하는행위 라 주님의 자녀된 우리모 두

환난중에도 즐 거워 할것은 주님이 함께하심

이로다 주님이 지켜주심 이로다 주님의 선전물되

어 빛을발하 며 진리안에 자 유 하 겠 네

주님을 믿는 자에게　　99

작사 & 작곡 이순희

주 님을믿는자에 게　생수 의 강 허락하시 네

주 님을믿는자에 게　능력 을 허락하신나의 주

주 님을믿는자에 게　참된 평 강 허락하신 주

주 를믿 음으로　무슨독 을 마실지라 도

해 를받지않는 다 네　우 리 모두주를 믿 음으로

말 씀대로순종 하 여　견고한 심령으 로

승 리하며살아가 세　예수 의 사랑으 로

모 든영혼사랑하 며　주님 주 신 기쁨으 로

주 님의향기날리 며　빛가 운데걸어가 리 라

G
여자

100 주님의 성령이

작사 & 작곡 이순희

찬양해 할렐루야

101

작사 & 작곡 이순희

찬 양해 - 할렐루야 - 주님을 찬 양해 - 오늘은 즐거운
경 배해 - 할렐루야 - 주님을 경 배해 -

성 탄절 - 나를구원 - 하시려 주님오신날 이 네

본 질상 - 진노의 자녀인우 릴 건지시 려 육신

의 옷을입고 - 가장낮은곳으로 임하신 우리주 님

나를향한사랑 - 나를향한열정 - 온몸으로느 끼 네

오늘은 즐거운 성 탄 절 우리모두기뻐하며 즐거워하세

할렐루야 - 주님을 찬 양해 - 영원토록 - 주님을 찬 양해 -
할렐루야 - 주님을 경 배해 - 영원토록 - 주님을 경 배해 -

G
여자

102 하나님이 자기를 사랑하는

작사 & 작곡 이순희

할 수 있다 하신 주님 103

5집 행복의 꽃 피어나려 할 때 / 막 16:17-18 외

작사 & 작곡 이순희

104 행복하고 복된 오늘

축하

작사 & 작곡 이순희

과거에 묶여서

105

작사 & 작곡 이순희

G
여자

106 나를 괴롭혔던 것은

복음과 내적치유 (6)

작사 & 작곡 이순희

내 인생에 고난이 107

작사 & 작곡 이순희

G
여자

108

빛을 발하라

4집 빛을 발하라

작사 & 작곡 이순희

♩ = 78

너희 는 세상 의 빛이 라   너희 는 세상 의 빛이 라 -

빛을 발하라 -   빛을 발하라 -   빛 을 발하 라 -

♩ = 132

주님 명령 하심 따라 -   어두워 진 세상 속에 -
고통 중에 있는 영혼 -   절망 중에 있는 영혼 -

주님 주신 빛을 받아 -   빛 을 발하 라 -

깨 닫지 못한 영혼 -   헛된 세상 따라 가다 -

세상 속에 함몰 되어 -   고통 중에 부르짖 네 -

안 타 까운 우리 주님 -   우리 에게 말씀 하네 -

수 렁에 빠진 영혼 -   빛을 발해 건져 내라 -

너희 는 세상 의 빛이 라   너희 는 세상 의 빛이 라 -

빛을 발하라 -   빛을 발하라 -   빛 을 발하 라 -

새로운 삶을 살게 109

작사 & 작곡 이순희

새 로운 삶 을 살게 하기 위 하 여
불 러주신나의 주 님 성 령의 능력의지하
여 변 화되 어 살아가리 라
어 둠의 자녀 에 서빛의자녀로 묶 인자 에서 자유한자로
무 익한 자에 서 유익한자 로 변화시켜 주시네
성 령의 능력으 로 온 전히 변화되 어
승 리의 지름길 로 가게하시네 십자 가의 길
고 난의 길 승리의 길 생명의길로 가게하시 네
예 수님의 십자가지고 승리하며살 겠 네
성 령님 나를변화 시 켜쓰시 네

G
여자

110 성령님이 임하시면

성령

작사 & 작곡 이순희

성 령님이임하시 면 능 력충만받겠 네

성 령님이임하시 면 사 랑충만받겠 네

성 －령님이임하시 면 기 쁨충만받겠 네

성 －령님이임하시 면 소 망충만받겠 네 ○○

교회 능력 충만 성령 충만받는교회 요 ○○

교회 기쁨 충만 소망 충만받는교회 라 능력

충만 사랑 충만 기쁨 충만 소망 충만 성령

충만 성령 충만받아열매맺으 리 ○○ 교회 －

성령의 권능이

작사 & 작곡 이순희

G 여자

성령의 권능이 나를붙 드시네 주님
의 손길이 나를감 싸시네 돌같
은 내마음 녹아져 내리네 내모
든 삶이변화 - 되었네 - 보라
이 전것은 지나가고 새사람 되었
네 새로운 피조물 되었네
- 나이제 자유를 누리며 살리
라 내모든 삶 주께 - 드리리

112 십자가는 완전한 능력이라

복음과 영적전쟁 (5)

작사 & 작곡 이순희

인생의 수많은 문제들

복음과 내적치유 (10)

작사 & 작곡 이순희

113

114 나의 인생길이 험해

5집 행복의 꽃 피어나려 할 때

작사 & 작곡 이순희

나의인생 - 길이험해 고통중에아우성칠때 찾아오

신 - 우리주님 나의삶을인도하셨네 내힘

으로살아가며 교만했던나의삶에 고난

중에찾아오신 내주예수말씀하시네

너의생각과 마음과 입술을 내게맡기어 라

너의생각과 마음과 입술을 통해내가일하리 나의생

각 - 나의마음 나의입술주께드리리 나의주

님 - 찬양하며 나의인생맡기리

빛으로 사랑으로

5집 행복의 꽃 피어나려 할 때

작사 & 작곡 이순희

빛으로 사랑으로 인도하 여주시네 어두

1.워 진인생길에서 길을잃 고방황하던나 헛된
2.따 라살아가던나 행복찾 아헤매이던나 쓰러

영 광바라보면서 나의인생 불태웠었네 2.세상
지 고넘어질때에 주님

내게 찾아오셨네 빛으 로 사랑으로 나를

인 도하시네 빛으 감 싸 주시네 이제

와 서께달았네 주님없는 인생길 - 에는 참만

족이 없다는것 을 이제 와서 깨달았네 주님

나 의주인되시어 참만 족 을얻게하시 네 주님

나 의주인되시어 참행 복을 얻게하시 네 빛으

로 사랑으로 인도하 여주시네

A
여자

115

116 주님 오신 날

작사 & 작곡 이순희

주님오신날 기 - 쁘고즐거운날 - 주님오신날
주님오신날 사망권세이기는날 - 주님오신날

마귀가패배하는 날 주님오신날 모든결박풀어지는
어둠이떠나가는 날 주님오신날 새 - 롭게거듭나는

날 주님오신날 진리안에자유하는 날

새생명을얻 는 날 썩어가는 -

세상속에 - 빛 으로 - 오신주님 - 혼돈속에질서를

- 공허함에만족을 주님오신날 자아가깨어지는

날 주님오신날 사랑이넘쳐나는 날

주님오신날 모든것이회복되는 날 주님오신날

진리안에자유하는 날 오늘이 바로주님오신

날 오늘이 바로주님오신 날

Fine.

여호와의 율법은

5집 행복의 꽃 피어나려 할 때 / 시 19:7-10

117

작사 & 작곡 이순희

118 하나님은 정직한 자들의

시 112:4

작사 & 작곡 이순희

하나님은 정직한 자들의 삶에 빛을비춰 주시리

하나님은 성결한 자들의 삶에 빛을비춰 주시리

정직하고 성결한 자들에게는 흑암중에 빛이 일어나나니

하나님은 자비롭고 긍휼많으시며 의로우신 이로다

하나님은 정직하고 사랑많으시며 성결하신 분이니

정직한 자들의 삶에 - 빛을비춰 주시리

정직하고 성결한 자들에게 허락하신 주의빛은

사랑의 빛이요 긍휼의 빛이요 치료의빛 - 이니

위로의 빛이요 능력의 빛이요 선교의빛 - 이니

흑암중에 서도 하나님의빛을받아 - 정직하고 성결한 자들의

삶은 밝고찬란하게 아름답게빛나리

Fine.

그들의 열매로

119

120 나그네 같은 인생길

5집 행복의 꽃 피어나려 할 때

작사 & 작곡 이순희

문제의 해결자 단 한 분　　121

작사 & 작곡 이순희

122

분별을 여는 말씀

복음과 내적치유 (3)

작사 & 작곡 이순희

분별을여는 말씀의능력 말씀의 빛을받 아

모든상황가운데서 분별하 여 지혜롭게살아가 세 말씀

은 하나님의 감동으로된 것으 로 교훈과 책망과 바르게함

과 의로교육 하기에 유익하 네 말씀은 우리를 온전하게

하며 – 모든선한 일 을 행할능력 을 갖게하시 네

말 –쎰의 능력위 에 연단을받고 선 악 을

분별하리라 분 –별의 능력위 에 마음문열고

말씀으 로 충만받 아 승 리 하 리 라

사랑의 빛

요일 2:9-11

123

작사 & 작곡 이순희

A
여자

124 삶의 우선순위

복음과 영적전쟁 (9)

작사 & 작곡 이순희

삶 의우선순위 우리의우선순위 영 적전쟁 예 - 수 그리스도

죄 중에 태어난 우리는 - 험 한세상속에 살 면서 -

죄 를지을수 밖에없는 - 환 경에 처하지 만

예수님의 십자가 공 로로 - 모 든 죄를 씻음받고 -

공 중권세 잡 은 악한영을 - 상 대해서 싸 우 리

주 님이 주시는 능력으로 - 악 한영의 간계를 분별하여 -

담 대하게 물리치 리 예 수의 이름으 로

진 리를위해 거 짓의 영 과 치열하게 싸 우 리 라
겸 손을위해 교 만의 영 과 치열하게 싸 우 리 라

사 랑을 위 해 미 움의 영 과 치열하게 싸 우 리 라
성 결을 위 해 탐 욕의 영 과 치열하게 싸 우 리 라

하 나 님 의 뜻을이뤄 - 성 령의 열매맺으 리
하 늘 의 기 쁨과평강 - 하 늘의 복을누리 네

인 생을 결정짓 는 영적전쟁 성 령의 힘으로 승리하리 -
어 둠을 이기는 유 일한능력 성 령의 힘으로 승리하리 -

D.C. al Fine

성령이 주도하는 기도

125

작사 & 작곡 이순희

126 영의 눈이 열리는 축복

복음과 내적치유 (1)

작사 & 작곡 이순희

우리를 변화시키는 복음

127

복음과 영적전쟁 (8) / 롬 12:2

작사 & 작곡 이순희

128 주님께 내 전부를

작사 & 작곡 이순희

♩ = 80

주님 께 - 내전부 를 드리 는 믿음갖기위 해 주님

께 - 그무엇 도 아깝 지않 은믿음갖기 위해 - 아무

리 많은 것 을 드려도 내 가드리지않 은 한가지

드 - 리지 않으면 다 드린게 아 니 네

나 내려놓지 못한한가지 그것을드리기 원하네

전부를드리는 것 이 곧 전부를 얻는것이라 네 나의

최선으로주님앞 에 모든 것을- 드릴 때 그것

이 - 마중물 되 어 기적 을행 하시는하나 님은- 지금

도 - 문밖에 서 문을 두 드 리시 - 네

마음문 열 고 전 부를드리는 믿 음으로 모든것 드려도

아깝지않은 주 를 향한믿음 으 로 승리하리 라

주님 나의 삶의 주인

129

작사 & 작곡 이순희

주님나의삶 의 주인되시니 내 겐부족함 없 네

주의십자가 를 지고나 가리 죽어가는영혼들을 위 하여

축복의 통로로 쓰임받 게 하시네

하나님 의 동역자되어 쓰임받 게 하시네

하나님 하나 님 나를써주시는 하나님 께

감사찬양 드리며 영광돌 리리

A
여자

44

130 주라 흩어 구제하라

5집 행복의 꽃 피어나려 할 때 / 잠 11:24-25

작사 & 작곡 이순희

주라 주 라 흩어구제하라 주라 주 라 흩어구제하라
주라 주 라 흩어구제하라 하 나님뜻 이니 라
하 나님뜻 이니 라 너 희가 대접받기 원 하
는 대로 대접 하라 흩 어 구 제 하 여도
더 욱 부하게 되는일이 있 나 니 과 도히 아껴도
가 난하게 될 뿐 이라 구 제를 좋 아 하는자는-
풍족하여 질 것 이요 남 을 윤택하게 하는자는
자기도윤택하여 지 리라- 주라 주 라 흩어구제하라
주라 주 라 흩어구제하라 주라 주 라 흩어구제하라

주라 흩어 구제하라

하 나님뜻 이니 라　　흩 어 구제하는　자 에게

흔들어넘치도록　채 워주 리라 주라　주 라 흩어구제하라

하　나님사랑　　이웃사랑　　실천하며살 아라 -

하나님이지켜주시 리　　주라　　주 라흩어구제 하라

Fine.

A
여
자

131 OO교회 주신 사명

작사 & 작곡 이순희

한 알의 밀알

5집 행복의 꽃 피어나려 할 때

작사 & 작곡 이순희

한 알의 밀알 한 알의 밀알 밀알되어죽어지리 라

한 알의 밀알 한 알의 밀알 밀알되어깨어지리 라

땅에떨어진 밀알 죽 지아니하면 한 알그대로있 고

죽 으면 - 싹이나고이삭나고 열매맺으리 많은열매 맺 으리

죽 어지리라 깨 어지리라 주안에서많은열매 맺 으리 -

죽 어지리라 깨 어지리라 주안에서많은열매 맺 으리 -

Fine.

B
여자

133

기름 준비합시다

고전 15:40-44

작사 & 작곡 이순희

내 인생의 운전대

134

작사 & 작곡 이순희

내 인생의운전 대 주님께 내 인생의운전 대 주 님께

내 인생의운전 대 주님께 운전대내어드리 리

Fine.

나 의주인되신 나의주님 - 나 의생명되신 나의주님 -

나의몸이거룩한 산제물되어 주님앞에드리기 원 하오니

주님의 핏값으로 사신이몸 - 정결하게만들어 써 주소서

먹든지 마시든지 무얼하든지 하나님의영광위해 살 리 라

먹든지 마시든지 무얼하든지 하나님의영광위해 살 리 라

D.C.

B
여자

135 너희는 여호와를

사 55:6-9

작사 & 작곡 이순희

너 희는 여호 와를 만날만할때에찾으 라

너 희는 여호 와를 만날만할 때에찾으 라

가 까이계실때에 찾 으라 주님찾아오 시 리

악 인은 그의길을버 리고 불의한자 는 그의생각

버 리고 돌아 오라 돌아 오라 여호와께로

그 리하면 긍 휼히 여기 시 리 라

하 나님 께 돌아오라 - 너 그럽게 용서하시리

내생각과너희생각 다 르며 내 길은너희길과 다름이 라

하 늘이 땅보다 높음 같이 내 길은너희길보다 높 으며

내생각은너 희의 생각 보다 높음이 니 라

Fine.

물댄 동산처럼

136

작사 & 작곡 이순희

♩ = 90

물 댄동산처럼 - 물 이끊어지지않 는 샘 처럼 -

물 댄동산처럼 - 물 이끊어 지지않 는샘 처럼 살 기원하

네 살게하소 서 *Fine.* 물 이끊어지지

않 는샘 곁에 무성한 가 지가 담 장을 넘 듯이

철 을따 라열 매맺으 며 살 기원하 네 이 웃을 사 랑함으

로 주 님의 뜻 이루 어 주 님예 비 하 신복

받기원하네 이 웃사 랑하 는자 에 게 예 비하신 복

D.C.

B 여자

137

백합화처럼

작사 & 작곡 이순희

백합화처럼 순결하고 - 소나무처럼 푸르른영혼 으
로 소생시키는 주님이함께하시는교회
○○교회 - ○○교회 - 주님의빛 - 발하는
○○교회 - ○○교회 - 주님기뻐하 시네
전교인 사역자화 전교인 능력자화
전교인 간증자화 전교인 선교사 화 이루도록 -
매일매일 - 예배에올인하여 자아를 내려놓는 -
말씀중심 - ○○교회 - 찬양과 말씀이 살아있는교 회
가정이살아 나는교회 - 기적이상식이 되는교회 -
하나님사랑 이웃사랑 - 실천하여 주께영광돌리는
초대교회역사가 재현되는 - ○○교회 - ○○교회 -

자다가 깰 때라

4집 빛을 발하라 / 롬 13:11-14

작사 & 작곡 이순희

B
여자

138

139

주의 빛

4집 빛을 발하라

작사 & 작곡 이순희

♩ = 100

주의빛을받은우리가 빛을발할때이라

이세상의빛 이세상의빛 꺼져가는이때에

죄와어둠물리치신 따뜻한주의빛발할때이라 -

사망권세물리치신 따뜻한주의빛발할때이라

승리의빛을받아 - 어둠권세이기고 사랑의빛을받아
생명의빛을받아 - 마음천국누리고 선교의빛을받아

- 용서하고사랑하고 진리의빛을받아 - 주안에서
- 주의나라확장하며 분별의빛을받아 - 악한마귀

자유하고 승리하며살겠네 주의빛을받은우리
물리치고 승리하며살겠네

가빛을발할때 사랑의빛 진리의빛 생명의빛

선교의빛 분별의빛 주의빛발하리

나를 붙잡는 과거의 상처 140

복음과 내적치유 (5)

작사 & 작곡 이순희

나 - 를붙잡는 과거의 상 처 안락하고부요했던

그 때 패배하 고 버림받았던 그 때

과 거를떨쳐내지 못 하고 절망하며살 아왔 네

이 제는복음의 능력으 로 새사람이되 었 네

나 는 진리로인 해 더이상 과거에 매이지않 네

고통스런과거의 상 처 던져 버렸네 누구든지 - 예수

안에있으 면 새 로운피조물 이 라 이전것은 - 지나

갔으니 보 라 이제는 새사람이되 었 네

B
여자

복음의 능력으 로 새롭게 살아가 리 라

*C*ontents

길 잃은 양처럼

작사 배성연
작곡 이순희

부록
남자

2 무엇이 그리도

작사 배지희
작곡 이순희

헛된 목표와 목적 향해 3

작사 김성식
작곡 이순희

헛 된 목표와 목적향해 - 내 실없는인생 길을
헛 된 사람과 인생따라 - 내 실없는관계 맺고
삐 뚤어 - 진 생각에취해 소 통없는삶 살 았네

걸 어 왔네 사 람들의칭찬과 인 정에 취 해
내 방식과 고 집을 - 부리며 자 아에 간 혀
내 힘 - 과 내 의로 - 살 면서 깨 닫지 못 해

스 스로 속 으며 살 아 왔 네

오 주님 - 이런나 를 불쌍히 여기시 사

고 쳐주소서 변 화되어 주님께 쓰임받게 하 소 서

오 주님 - 주님나라 꼭필 요 한 일꾼

일꾼 되게 하소서 강 권 하여쓰 소 서

부록
남
자

4

거짓된 나의 입술

작사 박진호
작곡 이순희

상처 투성이의

5

작사 임영미
작곡 이순희

6 어느 날 거울 앞에

작사 최우일
작곡 이순희

어느 날 거울 앞에

다 시는 죄를짓지 말아라   이제야 깨달 았네- 날 위

한   주 님의 사랑이 끝이 없음을 나이 제 십자가

전 달자되 어   사 명감 당하 며 충성되이살 아가 리

부록
—
남
자

7 고통스런 나의 삶 속에

작사 차유미
작곡 이순희

작사 김지환
작곡 이순희

부록
남
자

9 상처와 외로움에

작사 김미리
작곡 이순희

내 돈이라 여기며   10

작사 배지희
작곡 이순희

부록
남
자

$\mathcal{C}$ ontents

가나다

가
거짓된 나의 입술	Em	10
고통스런 나의 삶 속에	Am	3
길 잃은 양처럼	G	7

나
나는 고난없이	Am	4
내 돈이라 여기며	Dm	6

마
무엇이 그리도	G	8

사
상처와 외로움에	D	5
상처 투성이의	C	1

아
어느 날 거울 앞에	C	2

하
헛된 목표와 목적 향해	G	9

코드

C
상처 투성이의	C	1
어느 날 거울 앞에	C	2
고통스런 나의 삶 속에	Am	3
나는 고난없이	Am	4

D
상처와 외로움에	D	5

F
내 돈이라 여기며	Dm	6

G
길 잃은 양처럼	G	7
무엇이 그리도	G	8
헛된 목표와 목적 향해	G	9
거짓된 나의 입술	Em	10

상처 투성이의

작사 임영미
작곡 이순희

상 처 - 투성이 의 흉한 - 내모습 이 너무나

- 안쓰러워 - 나를 - 지키려 고 발버둥 쳤 네

그런날 - 불 쌍히 - 여겨 - 주님찾아 - 오 셨네 -

눈물로 - 감사하며 - 나의삶을 - 주께드린다 - 고백했네 -

나 이제고백 하 리라 주 님가신그길 을 순종하며

따라가기를 나 이제고백 하 리라 주 님주신사명

을 충 성되 이 감당하기 를 주님보다 앞 서지

않 고 지 나온길 뒤돌아 보 지 않 고 - 주 - 님주

신 -힘으로 한걸 음 씩믿음으로 감사하며걸어 - 가 리

주 님주신 힘으 로 한걸음 씩 찬양하며나아 가 리

2 어느 날 거울 앞에

작사 최우일
작곡 이순희

어 느날 거울앞 에비 친 내모습 볼 때

내안 에서 나를향 해들 려 오 는 말

정 죄의 말- 비 난의 말- 조롱하 는 말

하 지만 나는 부인할수없 었 네 그때 주 님내게찾아

오 셔서말씀하시 네 너 는 사랑하는내 아 들 이 라

주 님 내 손잡 아 주시고 지친 나 를품에 안아주 셨 네

내 가너 의죄 를 사 하였으니 이제누가너 를 정 죄하리요

십 자가 의보 혈로 널 살렸으니 이제누가너 를 비난하 리요

너를고발하던자 어 디있 느냐 나도너를정 죄하지 않 겠으 니

다시는 죄를짓지 말아라   이제야 깨달 았네 - 날 위

한 주님의 사랑이 끝이 없음을 나이 제 십자가

전 달자 되 어   사 명감당하 며   충성되이살 아가 리

부록
—
여
자

3 고통스런 나의 삶 속에

작사 차유미
작곡 이순희

고 통스런나의삶 속에 나 의마음더욱

완 악해지고 상 처로물든 삶 속에서

내 영혼더욱병 들어 외로움만쌓 이네

고 독했던나의인 생의 짙 어만가는공 허

욕심 으로 채운 나의 삶 속에 찾아 오 신

주 님의사랑놀 라 워 그 사 랑으로 -

만 족해 그 사 랑으로 평 안 해

오 주의참된사 랑 으로 나 를채우소 서

상처에 쌓인나를 치 료해 써 주 소 서

나는 고난 없이

4

작사 김지환
작곡 이순희

나 - 는 고난 없 이 행복하다 생 각 했 네

나 - 는 슬픔 없 이 기쁘다고 착 각 했 네

세상 에서 방황 하며 살 아온 날들 에

나 는 주님 없 이 살수 있다 생 각 했 네

그러나 내 영 혼 죽 어 있었고 죄 와 고난과 슬 픔으로

무감 각해 아무런 미래 도 희 망도 없었 네

나 는 주님 없 이 살수 없 음을 깨 달 았 네

주 님이 나를 살리 셨네 주 님이 나를 고치 셨네
주 님이 나를 부르 셨네 주 님이 나를 만지 셨네

주님 없이 살수 없는 내 인 생 에 주님 만이 나를 구원 하 시 네
주님 없이 살수 없는 내 인 생 에 주님 만이 나를 인도 하 시 네

부록
— 여자

5 상처와 외로움에

작사 김미리
작곡 이순희

내 돈이라 여기며

6

작사 배지희
작곡 이순희

부록
여자

7 길 잃은 양처럼

작사 배성연
작곡 이순희

무엇이 그리도

8

작사 배지희
작곡 이순희

부록

여자

9 헛된 목표와 목적 향해

작사 김성식
작곡 이순희

헛 된 목표와 목적향해 - 내 실없는인생 길을
헛 된 사람과 인생따라 - 내 실없는관계 맺고
삐 뚤 어 - 진 생각에취해 소 통없는삶 살 았 네

걸 어왔네 사 람들의칭찬과 인정에 취 해
내 방식과 고 집을 - 부리며 자아에 갇 혀
내 힘 - 과 내 의로 - 살면서 깨닫지 못 해

스 스로 속 으며 살 아 왔 네

오 주님 - 이런나 를 불쌍히 여기시 사

고 쳐주소서 변화되어 주님께 쓰임받게 하 소 서

오 주님 - 주님나라 꼭필 요 한 일꾼

일꾼 되게 하소서 강권 하 여쓰 소 서

거짓된 나의 입술

작사 박진호
작곡 이순희

거 짓된나의입술 나의삶 더럽혔고 교만

한 나의마음 나의눈 가렸으 며

죄 범한나의행실 나의영 혼죽였구 나

하 늘의 사명 갈 망했지만 포 기하지못한두마 음

점 점깊은죄의 - 나 락으로빠져 - 어 둠속에헤매이 며

죄 악으로물든 - 병 든마음잡고 - 주 님앞에나아갔을 때

내 게찾아오신 주 빛으로 인도 하시 네

소 망없는이죄 인 십자 가에 능력으 로 새

롭게 - 하 소 서 내삶을 이끌어온 죄

의 줄을끊어내 어 진리안에 - 자유케하셨으니 -

이 생명 다해온힘 다해 주 뜻이루 리

영혼을 살리는 찬양

펴낸일	2021년 9월 26일
펴낸이	이순희
펴낸곳	기독교생활영성연구원
편집	원미현, 허신영
디자인	김한지
주소	인천광역시 남동구 장아산로 205번길 16
전화	032) 469-0191~2
FAX	032) 469-0190
Homepage	http://www.baeksong.kr
발행처	선교횃불CCM2U
등록일	1999년 9월 21일 제 54호